AUTORES:

JOSÉ MARÍA CAÑIZARES MÁRQUEZ
CARMEN CARBONERO CELIS

COLECCIÓN OPOSICIONES MAGISTERIO: EDUCACIÓN FÍSICA

ALUMNOS CON NECESIDADES EDUCATIVAS ESPECIALES:
CARACTERÍSTICAS GENERALES DE LOS TIPOS Y GRADOS DE MINUSVALÍAS: MOTORAS, PSÍQUICAS, SENSORIALES, EN RELACIÓN CON LA ACTIVIDAD FÍSICA.
(VOLUMEN 21)

WANCEULEN
EDITORIAL DEPORTIVA

COLECCIÓN OPOSICIONES MAGISTERIO: EDUCACIÓN FÍSICA

VOLUMEN 21.

ALUMNOS CON NECESIDADES EDUCATIVAS ESPECIALES. CARACTERÍSTICAS GENERALES DE LOS TIPOS Y GRADOS DE MINUSVALÍAS: MOTORAS, PSÍQUICAS, SENSORIALES, EN RELACIÓN CON LA ACTIVIDAD FÍSICA.

AUTORES

José Mª Cañizares Márquez

- Catedrático de Educación Física
- Tutor del Módulo del Practicum del Master de Secundaria
- Especialista en preparación de opositores
- Autor de numerosas obras sobre Educación y Preparación Física

Carmen Carbonero Celis

- D. E. A. en Instituciones Educativas
- Licenciada en Pedagogía
- Maestra de Primaria y Secundaria en centros de Educación Compensatoria
- Didacta presencial del Módulo de Pedagogía General en el CAP
- Profesora de Pedagogía Terapéutica en Centro Educación Primaria

Título: ALUMNOS CON NECESIDADES EDUCATIVAS ESPECIALES. CARACTERÍSTICAS GENERALES DE LOS TIPOS Y GRADOS DE MINUSVALÍAS: MOTORAS, PSÍQUICAS, SENSORIALES, EN RELACIÓN CON LA ACTIVIDAD FÍSICA.

Autores: José Mª Cañizares Márquez y Carmen Carbonero Celis
Editorial: WANCEULEN EDITORIAL DEPORTIVA, S.L.

C/ Cristo del Desamparo y Abandono, 56   41006 SEVILLA

Dirección web: www.wanceulen.com

I.S.B.N.: 978-84-9993-492-1

Dep. Legal:

© **Copyright:** WANCEULEN EDITORIAL DEPORTIVA, S.L.

Primera Edición: Año 2016

Impreso en España:

Reservados todos los derechos. Queda prohibido reproducir, almacenar en sistemas de recuperación de la información y transmitir parte alguna de esta publicación, cualquiera que sea el medio empleado (electrónico, mecánico, fotocopia, impresión, grabación, etc), sin el permiso de los titulares de los derechos de propiedad intelectual. Cualquier forma de reproducción, distribución, comunicación pública o transformación de esta obra solo puede ser realizada con la autorización de sus titulares, salvo excepción prevista por la ley. Diríjase a CEDRO (Centro Español de Derechos Reprográficos, www.cedro.org) si necesita fotocopiar o escanear algún fragmento de esta obra.

ÍNDICE

Presentación de la Colección.

Introducción

1. ASPECTOS COMUNES A TENER EN CUENTA EN EL EXAMEN ESCRITO.

    1.1. Criterios de corrección y evaluación que siguen los tribunales.
    1.2. Consejos sobre cómo estudiar los temas. Estrategias.
    1.3. Recomendaciones para la realización del examen escrito. Estrategias.
    1.4. Modelo estandarizado de presentación de examen escrito.
    1.5. Partes estándares a todos los temas.

2. ALUMNOS CON NECESIDADES EDUCATIVAS ESPECIALES. CARACTERÍSTICAS GENERALES DE LOS TIPOS Y GRADOS DE MINUSVALÍAS: MOTORAS, PSÍQUICAS, SENSORIALES, EN RELACIÓN CON LA ACTIVIDAD FÍSICA.

COLECCIÓN OPOSICIONES DE MAGISTERIO. ESPECIALIDAD DE EDUCACIÓN FÍSICA

PRESENTACIÓN DE LA COLECCIÓN

Los autores, con muchos años de experiencia en la preparación de oposiciones, hemos plasmado en esta Colección multitud de argumentos y detalles con la finalidad de que cada persona interesada en acceder a la función pública conozca minuciosamente todos los pormenores de la preparación.

La Colección está compuesta por una treintena de volúmenes, de los que veinticinco están dedicados a otros tantos capítulos del temario, y los cinco restantes a cómo hacer y exponer oralmente la programación didáctica y las UU. DD., así como a resolver el examen práctico escrito.

Los destinados a los temas llevan incorporados unos aspectos comunes previos sobre cómo hay que estudiarlos y consejos acerca de cómo realizar el ejercicio escrito.

Los aplicados al examen oral: defensa de la programación y exposición de las U.D.I., también llevan un capítulo referente a cómo es mejor hacer la expresión verbal, el mensaje expresivo, el esquema en la pizarra, etc.

Es decir, los autores no nos hemos ceñido a publicar un temario para las dos pruebas escritas (tema y casos prácticos) y las dos orales (programación y unidades). Hemos querido hacer partícipe de las técnicas que hemos seguido estos años y que tan buen resultado nos han dado, sobre todo a quienes sacaron plaza merced a su propio esfuerzo. No obstante, debemos destacar un aspecto capital: ratio del tribunal, es decir, ¿con cuántos opositores me tengo que "pelear" para conseguir la plaza?

Ya podemos ir perfectamente preparados, que si un tribunal tiene dos plazas para dar y hay diez opositores con un diez… la suerte de tener una décima más o menos en la fase de concurso nos dará o quitará la plaza.

Por otro lado, es conocido que desde hace año en España tenemos diecisiete "leyes de educación", es decir, una por autonomía, además de la que es común para todos y que, como las autonómicas, depende del partido político que gobierne en ese momento. No podemos obviar que la Educación y todo lo que le rodea -incluidos opositores- es un aspecto más de la política, si bien entendemos debería ser justo lo contrario. La formación de nuestros hijos no debe estar en función de unas siglas de unos partidos políticos, porque cuando uno consigue el poder, elimina por sistema lo hecho por el anterior, esté mejor o peor. Ejemplos, por desgracia, hay muchos desde la LOGSE/1990. Así pues, abogamos por un Pacto Educativo que incluya, lógicamente, a opositores y al Sistema de Acceso a la Docencia.

Esto trae consigo que, forzosamente, debamos basarnos en una línea de elementos legislativos. En nuestro caso, además de la nacional, nos remitimos a la de Andalucía. Por ello, las personas opositoras que nos lean deberán adecuar las citas legislativas autonómicas que hagamos a las de la comunidad/es donde acuda a presentarse a las oposiciones docentes.

Para cualquier información corta, los autores estamos a disposición de las personas lectoras en:

oposicionedfisica@gmail.com

INTRODUCCIÓN

Este volumen tiene dos partes claramente diferenciadas:

a) Por un lado tratamos diversos aspectos comunes a todos los temas escritos. Es decir, nos centramos en cómo hay que estudiarlos a partir de los propios criterios de valoración del examen que indica la Consejería de Educación de la Junta de Andalucía, y que suelen ser similares a los de otras autonomías. También incluimos los criterios de otras comunidades, pero no de todas porque se nos haría interminable.

Esta parte también incluye una serie de consejos acerca de cómo estudiar los temas, cuestión que no es baladí porque el opositor está muy limitado por el tiempo disponible para realizarlo.

Esto nos lleva a siguiente punto, el "perfil" de cada opositor, su capacidad grafomotriz muy a tener en cuenta para que en el tiempo dado seamos capaces de tratar el tema elegido con una estructura adecuada a los criterios de evaluación que el tribunal va a usar en la corrección.

Es muy corriente el comentario de "mientras más sepas, más nota sacas y más posibilidades de obtener plaza tienes". Esto trae consigo, en muchas ocasiones, que el opositor se encuentre con "montañas de papeles" sin estructurar, sin saber si un documento reitera lo de otro, sin dominar la capacidad de síntesis ante tanto volumen de definiciones, clasificaciones, teorías, opiniones, etc.

La realidad es muy distinta. El opositor debe llevar preparado al menos veinticuatro documentos (para tener el 100% de que le va a salir en el sorteo un tema estudiado concienzudamente), con la información muy exacta de lo que le da tiempo a escribir correctamente desde todos los puntos: científico, legislativo, autores, estructura del propio examen, sintaxis, ortografía, etc.

Muchas veces nos han preguntado por el conocimiento de los tribunales, si están al día, etc. Nuestra respuesta ha sido siempre la misma: "sabrán más o menos de cada uno de los veinticinco temas, lo leerán con más o menos detenimiento, pero seguro que lo que más saben es corregir escritos porque lo hacen a diario en sus aulas, de ahí que debamos prestar la máxima atención a estos aspectos formales". Para ello añadimos al final una hoja-tipo.

Completamos este primer capítulo con una tabla de planificación semanal que debemos hacer desde un principio para "obligarnos" y seguirla con disciplina espartana, si de verdad queremos tener éxito.

b) Por otro, el Tema 21 totalmente actualizado a fecha de hoy. La persona opositora debe, una vez conozca el volumen de contenidos que es capaz de escribir, hacer un resumen equitativo de cada punto y "cuadrarlo" a su capacidad grafomotriz. A partir de aquí, a estudiarlo... pero escribiéndolo ya que la nota nos la van a poner por lo que escribamos y cómo expresemos esos contenidos. Pero, si en la comunidad donde nos examinemos, el escrito hay que leerlo al tribunal, de nuevo lo haremos, cuanto antes mejor, para ensayar la lectura y que determinadas palabras no se nos "atraganten".

CRITERIOS DE CORRECCIÓN Y EVALUACIÓN QUE SIGUEN LOS TRIBUNALES

Consideramos imprescindible saber **previamente** cómo nos va a evaluar el Tribunal para realizar el examen con respecto a los ítem que va a tener en cuenta. Aportamos varios **modelos** que han transcendido y que, básicamente, se diferencian en la **formulación** de las consideraciones y en su valoración, no en el **fondo**.

CRITERIOS DE EVALUACIÓN EN ANDALUCÍA.

La Consejería de Educación de la Junta de Andalucía informa a los sindicatos, en mayo de 2007, sobre un "borrador" de criterios de evaluación para el "Concurso Oposición al Cuerpo de Maestros 2007". Posteriormente, como pudimos comprobar esa convocatoria y las siguientes, estos criterios se hicieron "firmes".

Transcribimos literalmente los cinco puntos a considerar sobre el tema escrito:

CRITERIOS GENERALES TEMA ESCRITO

Estructura del tema.

a) Presenta un índice.
b) Justifica la importancia del tema.
c) Hace una introducción del mismo.
d) Expone sus repercusiones en el currículum y en el sistema educativo.
e) Elabora una conclusión acorde con el planteamiento del tema.

Contenidos específicos.

a) Adapta los contenidos al tema.
b) Secuencia de manera lógica y clara sus apartados.
c) Argumenta los contenidos.
d) Profundiza en los mismos.
e) Hace referencia al contexto escolar.

Expresión.

a) Muestra fluidez en la redacción.
b) Hace un uso correcto del lenguaje, con una buena construcción semántica.
c) Emplea de forma adecuada el lenguaje técnico.

Presentación.

a) Presenta el escrito con limpieza y claridad.
b) Utiliza un formato adecuado teniendo en cuenta el apartado 4 del artículo 7.4.1. de la Orden de 24 de marzo de 2007, BOJA nº 60 del 26/03/2007.
Nota: Se refiere a aspectos formales tales como no firmar el examen, entregarlo en un sobre con etiquetas, etc.

Bibliografía/Documentación.

a) Fundamenta los contenidos con autores o bibliografía.
b) Sitúa el tema en el marco legislativo pertinente.

La Consejería de Educación de la Junta de Andalucía informa a los sindicatos, en **junio de 2015**, sobre los criterios de evaluación para el "Concurso Oposición al Cuerpo de Maestros 2015". Transcribimos literalmente los cuatro puntos a considerar sobre el tema escrito:

**CRITERIOS GENERALES A TENER EN CUENTA
EN LA CORRECCIÓN DEL TEMA ESCRITO (JUNIO 2015).**

1. Estructura del tema.

   a) Secuencia de manera lógica y clara cada uno de los apartados del tema
   b) Expone con claridad

2. Contenidos.

   a) Argumenta y justifica científicamente los contenidos
   b) Conoce y tarta con profundidad el tema
   c) Realiza una transposición didáctica de la teoría expuesta a la práctica
   d) Fundamenta los contenidos con autores y bibliografía que realmente hagan referencia al contenido en cuestión, así como a la normativa vigente

3. Expresión.

   a) Redacta con fluidez
   b) Usa correctamente el lenguaje y presenta una adecuada construcción sintáctica
   c) Usa con propiedad el lenguaje técnico específico de la especialidad
   d) No se aprecian divagaciones, reiteraciones, etc.

4. Presentación.

   a) El ejercicio es legible: no hay que estar deduciendo qué quiere decir ni traduciendo el texto
   b) Se observa limpieza y claridad en el ejercicio
   c) Usa un formato adecuado

CRITERIOS GENERALES A TENER EN CUENTA EN LA CORRECCIÓN DEL TEMA ESCRITO
(Comunidad de Castilla-La Mancha)

Los criterios de evaluación del tema escrito (Comunidad de Castilla-La Mancha), que tuvieron los tribunales en cuenta en la convocatoria de 2007 y que fueron establecidos por la Comisión de Selección de la Especialidad de Educación Física, son:

CRITERIOS PARA EVALUAR EL TEMA ESCRITO. PARTE "A"	Puntuación
1.- Introducción, justificación, índice y mapa conceptual.	(MÁXIMO 1,5 puntos)
2.- Contenidos específicos	
2.1.-Trata todos los epígrafes del tema. 2.2.- Adecuación de los contenidos al tema. Los contenidos se ajustan al tema. 2.3.- Profundización de los mismos. 2.4.- Organización lógica y clara en cada punto. Atendiendo al índice. 2.5.- Argumentación de los contenidos. 2.6.- Referencia al contexto escolar. 2.7.-Relaciona con otros temas del currículum. 2.8.- Originalidad y creatividad en el tema.	(MÁXIMO 6,5 puntos)
3.-Bibliografía	
3.1.- Bibliografía específica del tema. Cita autores y hace referencias bibliográficas. 3.2.- Aspectos legislativos. Hace referencia a la legislación nacional y autonómica.	(MÁXIMO 0,75 puntos)
4.- Conclusión y valoración personal	(MÁXIMO 0,75 puntos)
5.- Aspectos formales. Presentación, estructura, organización, uso de vocabulario técnico.	(MÁXIMO 0,5 puntos)
6.- Errores	
a. Divagaciones b. Faltas de ortografía c. Errores garrafales	SE VALORARÁ NEGATIVAMENTE POR PARTE DEL TRIBUNAL
Total	10 Puntos.

OTROS CRITERIOS GENERALES A TENER EN CUENTA EN LA CORRECCIÓN DEL TEMA ESCRITO

Otros tribunales siguieron unos criterios de evaluación del examen escrito como los que ahora reflejamos:

	CRITERIOS PARA EVALUAR EL TEMA ESCRITO	
1	Introducción, índice y mapa conceptual	Máximo 1 punto
2	Nivel de contenidos	Máximo 5 puntos
	2.1. Trata todos los epígrafes del tema	
	2.2. Los contenidos se ajustan al temario	
	2.3. Relaciona con otros temas del curriculum	
	2.4. Hace referencia a la legislación nacional y autonómica	
	2.5. Cita autores y/o referencias bibliográficas	
3	Aspectos formales: presentación, estructura, organización, vocabulario y ortografía	Máximo 3 puntos
4	Conclusión, valoración personal y bibliografía	Máximo 1 punto

Esta tabla tuvo su origen en la Convocatoria de Castilla La Mancha hace unos años. Sus criterios siguen vigentes.

Cuadro resumen de los Criterios de Evaluación	Temas A

1.- Contenidos específicos
  a. Adecuación de los contenidos al tema.
  b. Profundización de los mismos.
  c. Organización lógica y clara en cada punto (Índice).
  d. Argumentación de los contenidos.
  e. Referencia al contexto escolar.
  f. Originalidad y creatividad en el tema.
	2,75 puntos

2.- Introducción y conclusión
  a. Justificación de la importancia del tema.
  b. Repercusiones en nuestra área y en el Sistema Educativo.
  c. Buena introducción del tema.
  d. Conclusión.
	0,5 puntos

3.- Expresión
  a. Fluidez del discurso.
  b. Buena redacción, sin errores sintácticos, redundancias…
  c. Uso del lenguaje técnico.
	1 puntos

4.- Presentación
  a. Limpieza y claridad.
  b. Formato con variedad de recursos (gráficos, sangrías, diferenciación entre títulos, subtítulos, contenidos, esquema, etc.)
	0,5 puntos

5.-Bibliografía
  a. Bibliografía específica del tema.
  b. Aspectos legislativos.
	0,25 puntos

Penalizaciones
  a. Divagaciones
  b. Faltas de ortografía
  c. Errores garrafales
	A restar según criterio del propio tribunal

Totales	5 Ptos.

En **2013**, la Convocatoria de Primaria en **Castilla-La Mancha** incluían estos **criterios**:

PARTE 1B *DESARROLLO DE UN TEMA DE LA ESPECIALIDAD*	PESO ESPECÍFICO
1. Estructurar el tema de forma coherente, secuenciada, justificada y equitativa con todos los apartados.	25%
2. En relación a los contenidos desarrollados, responder al tema planteado, adaptándose al currículum, con aportaciones teórico-prácticas, siendo funcional para la práctica docente.	40%
3. Ser original y creativo en el desarrollo del tema, estableciendo conexiones con otros contenidos del currículum, con aportaciones personales fundamentadas que revelan la creación propia e inédita del mismo.	15%
4. El tema será afín a unas bases teóricas, a una fundamentación científica de la que parte el currículum, al tiempo que aporta ideas nuevas.	5%
5. Mostrar una lectura fluida y comprensible, con una actitud transmisora y un desarrollo expositivo que se ciñan al tema.	15%

En la Convocatoria de **Secundaria** de **Andalucía** de **2016**, los criterios o "indicadores" a tener en cuenta por los tribunales para el examen escrito, son:

INDICADORES

● ESTRUCTURA DEL TEMA:

- Índice (adecuado al título del tema y bien estructurado y secuenciado).
- Introducción (justificación e importancia del tema).
- Desarrollo de todos los apartados recogidos en el título e índice.
- Conclusión (síntesis, donde se relacionan todos los apartados del tema).
- Bibliografía (cita fuentes diversas, actualizadas y fidedignas).

● EXPRESIÓN Y PRESENTACIÓN:

- Fluidez en redacción, adecuada expresión escrita: ortografía y gramática.
- Riqueza y corrección léxica y gramatical (IDIOMAS).
- Limpieza y claridad.

● CONTENIDOS ESPECÍFICOS DEL TEMA:

- Nivel de profundización y actualización de los contenidos.
- Valoración o juicio crítico y fundamentado de los contenidos.
- Ilustra los contenidos con ejemplos, esquemas, gráficos…
- Secuencia lógica y ordenada.
- Uso correcto y actualizado del lenguaje técnico.

CONSEJOS SOBRE CÓMO ESTUDIAR LOS TEMAS. ESTRATEGIAS.

Exponemos una serie de consejos que solemos dar a nuestros opositores:

- Cada uno tiene un "método" que ha experimentado durante su vida de estudiante, sobre todo a nivel universitario, de ahí que nuestra influencia sea relativa. No obstante, muchos nos reconocen que *"nunca hemos estudiado en profundidad hasta comenzar a prepararnos las oposiciones"*.

- Reconocemos que hay **múltiples** formas de estudio. Hemos tenido opositores que necesitaban estar tumbados, otros sentados y en total silencio, otros tenían que tener forzosamente una tenue música de fondo, etc. Es decir, existen muchas maneras con más o menos **dependencia/independencia** de **campo**.

- Unos precisan **luz** natural, otros luz blanca o azul, con flexo cercano o con la de la lámpara del techo…

- Hay quien prefiere estudiar a base de **resúmenes** hechos en un procesador de textos y otros, en cambio, tenían que estar a mano.

- Muchos prefieren **grabar** verbalmente los contenidos para reproducirlos cuando viaja, corre, nada o anda y así aprovechar estos "tiempos muertos".

- Otros requieren **gráficos** y mapas conceptuales. Incluso, hemos tenido los que preferían hacer un póster-esquema y colgarlo a la pared para leerlo de pie…

- Otro grupo lo conforman aquellos que prefieren subrayar o señalar los puntos clave con rotulador marcador tipo fluorescente, otros a lápiz... Eso sí, lo señalado debe tener encadenamiento o cohesión interna para verterlo, ya redactado, en el examen, de ahí que **debamos estudiar escribiendo**, porque el examen escrito trata de ello.

- Debemos usar bolígrafos de gel por ser más rápidos en su trazo y papel tamaño A4, que es el que nos van a proporcionar el día del examen. Ojo a los tipos de **bolígrafos permitidos** por los tribunales, debemos estar muy atentos a lo que nos dicen el día de la **presentación**. Independientemente de ello, debemos acostumbrarnos a poner el folio directamente sobre la superficie dura de la mesa, ya que así la velocidad de escritura es superior que si lo situamos encima de otros folios porque éstos hacen que el espacio de apoyo nos frene por ser más blando. Un **reloj** para controlarnos los tiempos es imprescindible también.

- En cualquier caso, no sería bueno estudiar más de dos horas seguidas, sobre todo si estamos sentados. Ello, normalmente, acarrea contracturas dorso-lumbares, en los miembros inferiores, etc. con el consiguiente dolor y molestia. Lo mismo podemos decir a nivel de nuestra visión.

- Realizar **actividad física o deportiva** varias veces a la semana es muy aconsejable por simple razón de compensación y revitalización personal.

- Es bueno, pues, cada dos horas aproximadamente, hacer un **alto horario** de 8-10 minutos para despejarnos mentalmente y estirarnos físicamente. Beber **agua** y la ingesta de **fruta** suele ser positivo. Esto es extensible al día del examen de la oposición.

- No obstante, si la convocatoria nos dice que el escrito durará más de este tiempo, debemos paulatinamente aumentar las dos horas hasta llegar al **tope** marcado.

- Siempre recomendamos realizar una **planificación** semanal personalizada, que regule nuestro **tiempo** destinado al estudio (avance y repaso de los temas del escrito, casos prácticos, exposición oral), al trabajo, deporte, ocio, obligaciones familiares, etc. Ver tabla/ejemplo en la página siguiente.

- **¿Cuánto tiempo dedicar al estudio?** No podemos dar "recetas" pues depende del nivel previo de cada opositor. Hay quien trae excelentes aprendizajes previos de la carrera y hay quien ese nivel lo trae demasiado básico. Otros ya tienen experiencias en oposiciones, etc. Así pues cada uno debe auto regularse en función de sus capacidades y sus circunstancias personales. Genéricamente podemos indicar que, al menos, 4-6 horas/día divididas por un descanso de 10-15 minutos puede ser un estándar adecuado. A partir de ahí, personalizar en función del avance o no obtenido.

- Siempre debemos tener un "**molde personal**" en función de la capacidad grafomotriz, habida cuenta el **ahorro** de tiempo y energía que nos supone seguir esta estrategia.

- De cualquier forma, debemos respetar el dicho popular "*lo que no se recuerda, no se sabe*", de ahí **memorizar comprensivamente** lo más significativo.

- La **memoria**, al igual que ocurre con la condición física, se mejora ejercitándola con frecuencia.

- Tan importante es memorizar un tema nuevo como no olvidar los ya aprendidos, por lo que es necesario **consolidar**, repasando, lo estudiado. Comprobar que dominamos temas anteriores mejora nuestra capacidad de auto concepto.

- De ahí la importancia de estudiar teniendo delante nuestro **resumen personalizado** y olvidarnos de aumentar los contenidos del tema porque, además de crearnos inquietudes, posiblemente no podamos reflejar todo lo que sabemos en el tiempo que tenemos de examen.

Mostramos en el siguiente **gráfico** un claro y rápido ejemplo de cómo auto planificarse el estudio durante la semana a partir de tres **módulos** diarios:

EJEMPLO DE PLANIFICACIÓN SEMANAL-TIPO
Combinación de estudio-repaso-programación-UU.DD.-prácticos-trabajo profesional-descanso

LUNES	MARTES	MIÉRCOLES	JUEVES	VIERNES	SÁBADO	DOMINGO
MAÑANA	MAÑANA	MAÑANA	MAÑANA	MAÑANA	MAÑANA	MAÑANA
TRABAJO	Estudio tema nuevo semana	TRABAJO	Repaso tema nuevo	TRABAJO	Casos Prácticos	Libre
TRABAJO	Estudio tema nuevo semana	TRABAJO	Programación	TRABAJO	Casos Prácticos	Libre
TARDE	TARDE	TARDE	TARDE	TARDE	TARDE	TARDE
Estudio tema nuevo semana	Programación	Repaso temas anteriores	UU. DD.-U.D.I.	Sesión de clase con preparador	Repaso temas anteriores	Repaso temas anteriores

RECOMENDACIONES PARA LA REALIZACIÓN DEL EXAMEN ESCRITO. ESTRATEGIAS.

NOTA: Muchos de los consejos que ahora damos, sobre todo los relacionados con la presentación, escritura, etc. son también aplicables a la realización por escrito de los casos prácticos, si los hubiera.

En las convocatorias anteriores se ha comprobado que la mayoría de aprobados en el examen escrito tenían **buena letra**, además de contenidos notables. Efectivamente, entre los criterios de evaluación que utilizan los tribunales hay algunos puntos destinados a la **presentación** que no podemos desechar. Incluso, si la Orden de la Convocatoria indica que el opositor deberá **leer** su propio **examen** ante el tribunal, éste suele comprobar posteriormente su estructura, sintaxis, ortografía, etc.

No llegar a tiempo a los llamamientos supone la primera **precaución** a tomar. En ocasiones, las instalaciones donde se celebran las oposiciones se ven saturadas desde varios kilómetros antes de llegar. A ello hay que sumar el tiempo para aparcar, buscar el aula asignada, etc. **Llegar tarde** puede suponer la **no presentación** y la consiguiente **eliminación**.

Gracias a las observaciones hechas por los tribunales de años anteriores y por los criterios de evaluación que han transcendido, estamos en disposición de apuntar una serie de anotaciones a considerar por las personas opositoras durante su periodo de preparación con nosotros. Habitualmente los tribunales reservan parte de la nota total para los **aspectos "formales"** del examen, que ahora comentamos. Esto es de vital importancia porque dos opositores con igual cantidad y calidad de contenidos, sacará mejor nota quien mejor lo presente. Ante ello, reservar algunos minutos para poder **revisar** el examen antes de entregarlo, teniendo en cuenta lo siguiente:

- Nadie aprueba con **mala letra**. Igual decimos de la presentación y limpieza.
- Esto lo hacemos extensivo a las faltas de **ortografía**, acentuación, mala **sintaxis**, incorrecciones **semánticas**, **expresión** y **redacción**, **vulgarismos**, **repetir la misma palabra** continuadamente, **tachones**, suciedad, etc. No podemos "escribir igual que hablamos". También, no poner el número del tema elegido o su título. Otro error habitual es el mal uso de los puntos, bien seguido, bien aparte.
- Debemos escribir por **una carilla** -al menos que el tribunal indique otra cosa- con letra más bien grande para facilitar su lectura. No poner detalles como "no recuerdo..."; "creo que..."; "no me da tiempo..."; "me parece que es...".
- La **media** de **folios** (carillas o páginas) que suelen hacer nuestros preparados están entre **14 y 16**, con **17-22 renglones** cada una (20 lo habitual) y **9 palabras/renglón,** teniendo en consideración unos **márgenes laterales** y **superior e inferior** de 2 a 2'5 centímetros. No obstante, conforme avanza la preparación y la habilidad para escribir este tipo de examen, hay quien aumenta el volumen de páginas de manera significativa, pero siempre manteniendo y respetando los criterios de evaluación que suelen tener los tribunales: letra, limpieza, construcción semántica, ortografía, etc. Si preferimos escribirlo en un procesador de textos, como puede ser "Word", el número de palabras suele estar alrededor de las 2400-2700, aproximadamente.
- Los **renglones** deben ser **paralelos** y siempre con el mismo **interlineado**. En caso de tener problemas para hacerlo, podemos llevarnos una **plantilla** ya hecha, como una hoja tamaño folio de cuaderno de rayas, o bien hacerla allí

mismo con lápiz y regla. Si tampoco pudiese ser (a veces los tribunales han hecho especial hincapié en "no entrar con plantilla, regla, etc."), nos esmeraríamos en la realización de la primera página, aunque tardásemos más tiempo, y ésta nos serviría como "falsilla" o planilla de renglones. Otro "**truco**" es hacerla a partir del **DNI** al que previamente le hemos hecho unas señales minúsculas con la anchura que deseamos. Éste nos sustituiría a la regla.

- No se puede ser "loco o loca" escribiendo. Para ello es importante el **entrenamiento** durante el periodo de preparación. De ahí surge la **automatización** de todos estos aspectos, además del sangrado, márgenes, etc. No poner abreviaturas.
- Por otro lado debemos **numerar** las hojas, incluso algunos lo hacen poniendo "1 de 15; 2 de 15…".
- La utilización de **dos colores** de tinta **no** suele estar **permitido**, como tampoco subrayados para señalizar los títulos, epígrafes, ideas fundamentales, etc., al menos que el tribunal exprese lo contrario. En todo caso, **preguntar** al tribunal antes de empezar si es posible su uso, así como de tippex. También si se pueden poner gráficos, flechas, tablas, etc., si el tribunal lo permite, pero la Orden de la Convocatoria suele prohibirlo por considerarlo posible "**señal**". Un **bolígrafo** tipo **gel** y apoyarnos sobre un **superficie dura** para que éste se deslice mejor, nos permite mayor velocidad de escritura manteniendo su calidad. Quienes suelen hacer tachaduras, previendo que no les dejen usar tippex, pueden optar por un **bolígrafo borrable por fricción** (marca Pilot o similar) que elimina cualquier rastro de su propia tinta. No obstante, determinados "bolígrafos rápidos" que se basan en tinta tipo gel, suelen ser peor para opositores **zurdos**, por razones obvias. Recordamos la necesidad de seguir exactamente las **instrucciones** que nos dé el tribunal al respecto, habida cuenta tenemos experiencias sobre la **anulación** de exámenes por el uso de este tipo de herramienta de escritura.
- No olvidemos que la mayoría de los títulos de los temas tienen tres puntos, por lo que debemos **dividir** la totalidad de materia que escribamos en tres partes similares. De esa forma, evitamos exponer mucho contenido de una parte en perjuicio de otra. Así pues, normalmente haremos tres puntos con varios sub-puntos cada uno buscando la conexión entre los mismos. Además, pondremos el **índice** al principio, tras el título, **introducción**, **conclusiones**, **bibliografía** -que incluye la legislación- y webgrafía. En **resumen**, queda muy bien, limpio y "amplio", la estructuración del examen de esta manera:

    - **Título** del Tema. 1ª página. Mayúsculas y en una única página.
    - **Índice**. 2ª página. En una sola página.
    - **Introducción**. 3ª y 4ª página. Debe tener cierta peculiaridad con objeto de atraer la curiosidad del corrector. Nombrar los descriptores del título y en cada uno dar una o dos referencias del mismo. Podemos "presentarlo" a través de su importancia en el currículo y citar sus referencias legislativas. Usar, preferentemente, dos páginas.
    - **Apartados o descriptores** y los sub-apartados. 5ª página. Es el eje alrededor del cual gira la nota relativa a los contenidos. Incluye definiciones, clasificaciones, teorías, líneas metodológicas, referencias curriculares, aplicaciones prácticas, actividades, etc., todo ello citando a autores y normativa que luego quedarán reflejados en la bibliografía, pero con una redacción técnica. En cualquier caso debemos marcar claramente cuándo finalizamos el primer punto y comenzamos el siguiente. Si somos "olvidadizos", podemos dejar un interlineado relativamente amplio por si nos acordamos después de algún detalle olvidado y deseamos incorporarlo sin tachones.

- **Conclusiones**. Lo más notable que hemos tratado, los puntos clave. Al ser lo último que el corrector lee, deben estar muy cuidadas porque puede influir decisivamente en la nota.
- **Bibliografía**. Reseñar algún libro "comodín" y de los autores nombrados anteriormente. También la legislación significada.
- **Webgrafía**. Alguna general, como revistas digitales, o específica.

En cualquier caso, es **imprescindible** conocer los **criterios de evaluación** que van a seguir los tribunales, máxime si son públicos, como viene ocurriendo en varias comunidades autónomas, y en Andalucía de forma más concreta, tal y como hemos citado en el capítulos anteriores. Debemos, pues, hacer caso de ellos y citar o desarrollar todos los **aspectos** que los criterios mencionan.

Precisamente, el tiempo no lo podemos "regalar" ni despreciar, por lo que si terminamos el examen y aún quedan cinco o diez minutos, debemos **repasar** lo escrito por si se nos ha olvidado algo relevante o no hemos puesto la debida atención a las faltas gramaticales, sesgos sexistas, escritura con "códigos SMS", etc. Así pues, debemos agotar el tiempo subsanando cualquier error.

Si la preparación ha sido buena, nada más hacerse el sorteo de los temas, debemos decidirnos por uno. Inmediatamente nos concentramos y empezamos a desarrollarlo, porque debemos ya tener "**automatizada**" su escritura. Si empezamos a dudar, comenzamos a perder el escaso tiempo que nos dan.

En caso de haber estudiado con "**esquemas**", lo mejor sería hacernos uno en sucio para usarlo como guía en la redacción del examen. Este folio nos sirve también para tomar notas, para ir estructurando el tema, etc. Pero, repetimos, la escritura del tema debemos tenerla automatizada porque si no perdemos el tiempo. Esta hoja la destruiríamos al terminar.

Si hemos preparado una introducción, conclusiones, bibliografía y webgrafía "estándar", podemos irlas escribiendo en el llamado "**tiempo perdido**" que suele haber desde que nos dan los folios hasta que sortean los números de los temas. Después podemos añadir los rasgos específicos del tema ya elegido.

Nuestros preparados suelen preguntarnos por la expresión a usar. Aconsejamos el "**plural mayestático**" (*nosotros, ahora vemos, podemos seguir, observamos,* etc.)

Otro aspecto importante es la **elección** del tema de entre los sorteados. Debemos hacer el que dominemos mejor, el que ya lo hayamos escrito muchas veces durante la preparación, el que nos garantice escribir más folios, en suma, el que nos dé más seguridad.

No olvidar llevarse **agua** y alguna pieza de **fruta**. Normalmente a finales de junio suele hacer mucho **calor** y la sensación de éste aumenta con la tensión del examen.

Ahora adjuntamos una **hoja con un resumen** de los **aspectos formales** del examen escrito del tema, aunque aplicable también a la redacción de los **casos prácticos**.

MODELO ESTÁNDAR DE PRESENTACIÓN PARA PRUEBA ESCRITA

2.- COORDINACIÓN Y EQUILIBRIO EN LA INICIACIÓN AL FÚTBOL ESCOLAR

2.1. CONCEPTUALIZACIONES PRELIMINARES.

Desde un primer momento es adecuado tener en cuenta que cualquier movimiento, por mínimo que sea, requiere coordinación y equilibrio adecuados. Por ejemplo, abrir y cerrar una mano conlleva que una serie de grupos musculares realicen (agonistas) la acción y que otros se relajen (antagonistas) para que aquéllos puedan actuar, así como que otros grupos estabilicen (fijadores) los de la muñeca para que lo anterior pueda tener lugar (Téllez, 2014).

La coordinación nos permite hacer lo pensado, es decir, realizar la imagen mental que nos hemos hecho, el esquema motor. Está íntimamente ligada a las habilidades y destrezas básicas a través de su relación con la coordinación dinámico general y la coordinación óculo-segmentaria, respectivamente (Mateos y Garriga, 2015).

Precisamente, las edades porpias de la Primaria son las más críticas para el desarrollo de las capacidades coordinativas (Bugallal, 2011).

Si nos fijamos atentamente en un partido de fútbol podemos observar numerosas acciones diferentes y que, mal hechas, pueden producir lesiones, como dejinses:

a) Carreras
b) Saltos
c) Giros
d) Lanzamientos

Todos ellos con infinidad de VARIANTES. Para que todos esos gestos "salgan bien" havrá habrá sido necesario un director que regule todos los mov. Esta es la función del sistema nervioso.

PARTES ESTÁNDARES A TODOS LOS TEMAS.

Muchas de las personas que preparamos tienen **problemas** por la falta de tiempo o de, simplemente, por ser poco capaces de aprender **introducciones, conclusiones, bibliografías, legislación y webgrafía** de cada uno de los temas.

Uno de los **remedios** para no "castigar" la memoria es confeccionarse unos "**estándares**" o "**comunes**" que den servicio a estos apartados.

Si a ello le unimos la racionalidad en la confección del Índice, a partir de los tres o cuatro apartados o descriptores del título del tema, hemos ahorrado un esfuerzo a nuestra memoria.

Así pues, vamos a dar una serie de **consejos** para que cada persona lectora los elabore de una forma sencilla pero eficaz unos textos usuales, si bien deberíamos a continuación podríamos **complementarlos** con unos **rasgos específicos** del tema que, prácticamente, nos vienen dado por el **título** del tema que nos escribirá el tribunal en la pizarra de la sala de examen. Por ejemplo, si la Introducción la hacemos en dos páginas, los aspectos comunes pueden suponer entre el 60-75 %, es decir, página y un tercio de la siguiente. Si la Conclusión la hacemos en una única, las tres cuartas partes podemos dedicarla a los textos estandarizados y el resto a los concretos del tema escrito.

INTRODUCCIONES COMUNES A TODOS LOS TEMAS

Cuando hemos hablado con los componentes de los tribunales, habitualmente nos indican que suelen fijarse en el "detalle" de si el opositor ha puesto desde el principio o no **referencias** a la **legislación actual**, debido a que suelen entender que cualquier tema debe redactarse **a partir** de las leyes educativas, decretos y órdenes que las desarrollan. Así pues, debemos hacer mención, **respetando su jerarquía**, de:

- Ley Orgánica 8/2013, de 9 de diciembre, para la mejora de la calidad educativa (LOMCE). B.O.E. nº 295, de 10/12/2013.
- Ley Orgánica 2/2006, de 3 de mayo, de Educación (LOE). B.O.E. nº 106 del 04/06/2006. (Modificada por la LOMCE/2013).
- Ley 17/2007, de 10 de diciembre, de Educación en Andalucía. B.O.J.A. nº 252, de 26/12/2007.
- M. E. C. (2014). *Real Decreto 126/2014, de 28 de febrero, por el que se establece el currículo básico de la Educación Primaria.* B. O. E. nº 52, de 01/03/2014.
- M.E.C. (2015). *Orden ECD/65/2015, de 21 de enero, por la que se describen las relaciones entre las competencias, los contenidos y los criterios de evaluación de la educación primaria, la educación secundaria obligatoria y el bachillerato.* B.O.E. nº 25, de 29/01/2015.
- JUNTA DE ANDALUCÍA (2015). *Decreto 97/2015, de 3 de marzo, por el que se establece la ordenación y el currículo de la educación Primaria en la comunidad Autónoma de Andalucía.* BOJA nº 50 de 13/013/2015.
- JUNTA DE ANDALUCÍA (2015). *Orden de 17 de marzo de 2015, por la que se desarrolla el currículo correspondiente a la educación Primaria en Andalucía.* BOJA nº 60 de 27/03/2015.

No obstante, entendemos que sería un buen detalle **citar** también a las **Competencias Clave**, habida cuenta su importancia a partir de la publicación de la LOE/2006, actualizada por la LOMCE/2013.

Igualmente podemos hacer mención a la legislación correspondiente a la evaluación o a la relacionada con la atención a la **diversidad**, pero tanto texto no nos cabe, de ahí la necesidad de **sintetizar** la información que consideremos más representativa.

Otra línea es plasmar alguna "**frase hecha**", como "*enseñar Educación física con éxito supone diseñar una programación coherente con el contexto, disponer de un amplio abanico de estrategias didácticas, generar un clima de clase que invite al aprendizaje, utilizar adecuadamente los recursos materiales y tecnológicos e integrar la evaluación en el proceso de aprendizaje*" (Blázquez y otros, 2010).

Otro ejemplo puede ser: "*Uno de los fines genéricos que persigue la Educación Física escolar es el de favorecer la ubicación personal del alumno/a en la sociedad, en una cultura corporal donde la escuela proporcione al alumnado los medios apropiados para su acceso y, en consecuencia, conseguir los beneficios que de ella pueden conseguir: desarrollo personal; equilibrio psicofísico; mejorar la salud; disfrutar del tiempo de ocio; etc., así como el desarrollo de la autonomía personal ante las influencias que imponen los nuevos mitos sociales*". "*El cuerpo y el movimiento como ejes básicos de nuestra acción educativa*"; "*el área de Educación Física se muestra sensible a los acelerados cambios que experimenta la sociedad…*"; "*la importancia de las relaciones interpersonales que se generan alrededor de la actividad física permiten incidir en la asunción de valores como el respeto, la aceptación, la cooperación…*", procedentes de legislaciones pasadas, pero de plena actualidad por la temática expresada.

Posteriormente, en la Introducción debemos hacer referencias a la materia que trata el tema elegido, lo que antes hemos referenciado como "rasgos específicos". Esto nos resulta fácil con un poco de práctica, simplemente comentando una o dos líneas a partir del título del tema que el tribunal detalla en la pizarra. No obstante, el sentido de lo que expresemos debe ir encaminado a lo que "vamos a tratar en el desarrollo del tema…"

CONCLUSIONES COMUNES A TODOS LOS TEMAS

Si en las introducciones se basan en lo que "vamos a estudiar en el tema…", con las Conclusiones ocurre al contrario: "a lo largo del tema hemos visto (escrito, estudiado, tratado, etc.) la importancia de…" Para ello podemos **actuar** como antes, es decir, un par de **párrafos comunes** a todas las temáticas. Por ejemplo, "la trascendencia del conocimiento del propio cuerpo, vivenciándolo y disfrutándolo, además de respetarlo". Otra posibilidad es incluir un párrafo basándonos en algunos ejemplos de estos textos **estandarizados**:

"*Todos los niños y niñas tienen el derecho a una educación de calidad que permita su desarrollo integro de sus posibilidades intelectuales, físicas, psicológicas, sociales y afectivas*" (Decreto 328/2010). "*Entendemos la etapa de primaria como fundamental para el desarrollo de las capacidades motrices del alumnado y donde el docente debe observar las deficiencias de éstos para corregirlas lo más rápidamente posible*".

En Andalucía, la O. 17/03/2015, indica que: "*la Educación Física es un área en la que se optimizan las capacidades y habilidades motrices sin olvidar el cuidado del cuerpo, salud y la utilización constructiva del ocio. En Educación física se producen relaciones de cooperación y colaboración, en las que el entorno puede ser estable o variable, para conseguir un objetivo o resolver una situación. La atención selectiva, la interpretación de las acciones de otras personas, la previsión y anticipación de las propias acciones teniendo en cuenta las estrategias colectivas, el respeto de las normas, la resolución de problemas, el trabajo en grupo, la necesidad de organizar y adaptar las respuestas a las variaciones del entorno, la posibilidad de conexión con otras áreas, el juego como herramienta primordial, la imaginación y creatividad".*

Posteriormente plasmamos algunos rasgos de lo más característico que hemos escrito durante la redacción del tema escogido. Realmente se trata de que destaquemos lo más trascendental de cada uno de los apartados de los descriptores del título, pero con información nueva, expresando que "a lo largo del tema hemos visto la importancia de…" o "hemos indicado en la redacción del tema los conceptos, clasificaciones, didáctica de…".

BIBLIOGRAFÍA COMÚN A TODOS LOS TEMAS

Hay quien diferencia **bibliografía** de **legislación**. Nosotros, al estar ambos documentos en formato papel, lo **unificamos**.

Evidentemente cada tema tiene una serie de volúmenes principales o monográficos de apoyo, pero también está muy claro que hay una serie de **libros generales de didáctica** que vienen muy bien tenerlos en cuenta para ponerlos en la mayoría de los temas. Son las publicaciones que habitualmente se manejan en las facultades de Magisterio. Los tribunales suelen valorar más ediciones de los **últimos años**, aunque siempre habrá libros "clásicos", sobre todo las **monografías** de conocidos autores y que son muy **específicas** de los **temas**. Por ejemplo, Delgado Noguera en temas relacionados con la metodología y organización; Blázquez con evaluación y con la iniciación deportiva; Rigal en motricidad, etc.

Algunos ejemplos de bibliografía **común**, es decir, libros que prácticamente en su totalidad tratan **todas** las **materias** de los veinticinco temas, son:

ADAME, Z. y GUTIÉRREZ DELGADO, M. (2009). *Educación Física y su Didáctica. Manual de Programación.* Fondo Editorial de la Fundación San Pablo Andalucía CEU. Sevilla.

ARRÁEZ, J. M.; LÓPEZ, J. M.; ORTIZ, Mª M. y TORRES, J. (1995). *Aspectos básicos de la Educación Física en Primaria. Manual para el Maestro.* Wanceulen. Sevilla.

BLÁZQUEZ, D.; CAPLLONCH, M.; GONZÁLEZ, C.; LLEIXÁ, T.; (2010). *Didáctica de la Educación Física. Formación del profesorado.* Graó. Barcelona.

CAÑIZARES, J. Mª y CARBONERO, C. (2009). *Currículum de Educación Física en Primaria para Andalucía.* Wanceulen. Sevilla.

CAÑIZARES, J. Mª y CARBONERO, C. (2009). *Currículum de Educación Física en Primaria.* Wanceulen. Sevilla.

CHINCHILLA, J. L. y ZAGALAZ, M. L. (2002). *Didáctica de la Educación Física.* CCS. Madrid.

CONTRERAS, O. R. y GARCÍA, L. M. (2011). *Didáctica de la Educación Física. Enseñanza de los contenidos desde el constructivismo.* Síntesis. Madrid.

CONTRERAS, O. y CUEVAS, R. (2011). *Las Competencias Básicas desde la Educación Física*. INDE, Barcelona.

FERNÁNDEZ GARCÍA, E. -coord.- (2002). *Didáctica de la Educación Física en la Educación Primaria*. Síntesis. Madrid.

FERNÁNDEZ GARCÍA, E. -coord.- CECCHINI, J. A. y ZAGALAZ, Mª L. (2002). *Didáctica de la educación física en la educación primaria*. Síntesis. Madrid.

GALERA, A. D. (2001). *Manual de didáctica de la educación física. Una perspectiva constructivista moderada*. Vol. I y II. Paidós. Barcelona.

GIL MORALES, P. (2001). *Metodología didáctica de las actividades físicas y deportivas*. Fundación Vipren. Cádiz.

SÁENZ-LÓPEZ, P. (2002). *La Educación Física y su Didáctica*. Wanceulen. Sevilla.

SÁNCHEZ BAÑUELOS, F. (1996) *Bases para una Didáctica de la Educación Física y los Deportes*. Gymnos. Madrid.

SÁNCHEZ BAÑUELOS, F. y FERNÁNDEZ, E. -coords.- (2003). *Didáctica de la Educación Física para Primaria*. Prentice Hall.

SÁNCHEZ GARRIDO, D. y CÓRDOBA, E. (2010). *Manual docente para la autoformación en competencias básicas*. C.E.J.A. Málaga.

VICIANA, J. (2002). *Planificar en Educación Física*. INDE. Barcelona.

VILLADA, P. y VIZUETE, M. (2002). *Los Fundamentos teóricos-didácticos de la Educación Física*. Secretaría General Técnica del M. E. C. D. Madrid.

VV. AA. (2008). *Colección de manuales de atención al alumnado con necesidades específicas de apoyo educativo*. (10 volúmenes). C. E. J. A. Sevilla.

ZAGALAZ, Mª L.; CACHÓN, J.; LARA, A. (2014). *Fundamentos de la programación de Educación Física en Primaria*. Síntesis. Madrid.

Esta relación, o parte de ella, no debe aparecer en exclusiva. Antes que nada debemos recordar que es muy conveniente **reseñar autores y año** de publicación **durante** la **redacción** de los diversos apartados o descriptores. Esto, obviamente, nos obliga a incluirlos en la bibliografía "específica" de cada tema. Por ejemplo, en los temas relacionados con la psicomotricidad (7 – 9 – 10 – 11) recomendamos citar a:

RIGAL, R. (2006). *Educación motriz y educación psicomotriz en Preescolar y Primaria*. INDE. Barcelona.

SASSANO, M. (2015). *El cuerpo como origen del tiempo y del espacio. Enfoques desde la Psicomotricidad*. Miño y Dávila editores. Buenos Aires.

TAMARIT, A. (2016). *Desarrollo cognitivo y motor*. Síntesis. Madrid.

Hay una serie de **documentos legislativos** "obligatorios" porque, entre otras cosas, los hemos debido referir en el examen escrito. Además, debemos reseñar otros **específicos** de los temas. Por ejemplo, si tratamos la "evaluación", debemos anotar la Orden de 4 de noviembre de 2015, por la que se establece la ordenación de la evaluación del proceso de aprendizaje del alumnado de educación Primaria en la Comunidad Autónoma de Andalucía.

La legislación general ya la hemos indicado en el apartado anterior sobre "Introducciones comunes", aunque referida a Andalucía. **Cada persona opositora debe adecuarla a la comunidad autónoma donde se presente**.

WEBGRAFÍA COMÚN A TODOS LOS TEMAS

Hoy día muchas de nuestras fuentes consultadas se encuentran en **Internet**, de ahí que debamos señalar algunas **webs fiables**. Nos inclinamos por revistas electrónicas de prestigio en la didáctica general y en la educación física en particular, así como a los portales de las propias **consejerías** de educación de la comunidades autónomas. Todas ofrecen recursos didácticos, experiencias… y legislación aplicada.

Algunos ejemplos, son:

http://www.agrega2.es
http://recursos.cnice.mec.es/edfisica/
http://www.ite.educacion.es/es/recursos
http://www.educarm.es/admin/recursosEducativos#nogo
www.juntadeandalucia.es/educacion/descargasrecursos/curriculo-primaria/index.html
http://www.gobiernodecanarias.org/educacion/webdgoie/
http://www.educarex.es/web/guest/apoyo-a-la-docencia
http://www.catedu.es/webcatedu/index.php/recursosdidacticos
http://www.adideandalucia.es

TEMA 21

ALUMNOS CON NECESIDADES EDUCATIVAS ESPECIALES. CARACTERÍSTICAS GENERALES DE LOS TIPOS Y GRADOS DE MINUSVALÍAS: MOTORAS, PSÍQUICAS, SENSORIALES, EN RELACIÓN CON LA ACTIVIDAD FÍSICA.

ÍNDICE

INTRODUCCIÓN

1. ALUMNOS CON NECESIDADES EDUCATIVAS ESPECIALES.

    1.1. Normativa que regula las necesidades educativas especiales.

    1.2. Las adaptaciones curriculares en el alumnado con N.E.E.

        1.2.1.- Los programas de adaptación curricular.

2. CARACTERÍSTICAS GENERALES DE LOS TIPOS Y GRADOS DE MINUSVALÍAS MOTORAS, PSÍQUICAS, SENSORIALES EN RELACIÓN CON LA ACTIVIDAD FÍSICA.

    2.1. Motoras.

    2.2. Psíquicas.

    2.3. Sensoriales.

CONCLUSIONES

BIBLIOGRAFÍA

WEBGRAFÍA

INTRODUCCIÓN

Los temas 21 y 22 tratan sobre los **tres** grandes grupos de **discapacidades** y su grado de implicación en nuestra Área. El primero tiene una visión teórica y el segundo práctica.

La inclusión del alumnado con "necesidades educativas especiales" -hoy día dentro de la denominación genérica de "A. N. E. A. E.", junto a otros grupos de alumnos que también presentan "necesidades específicas de apoyo educativo" (L. O. E., 2006; R.D. 126/2014; Ley 17/2007 de Educación de Andalucía, art. 48.3; D. 97/2015; Orden de 25 de julio de 2008, por la que se regula la atención a la diversidad del alumnado que cursa la educación básica en centros docentes públicos de Andalucía)-, ha entrado a formar parte de las preocupaciones del sistema educativo y, por ello, la Actividad Física Adaptada es un aspecto importante que debe ser asumido por todos los maestros y maestras en el diseño de los Proyectos Curriculares de cada centro (Cumellas y Estrany, 2006).

La educación especial tiene sus orígenes en 1978, con el Informe Warnock, llamado así en honor a la británica Mary Warnock que presidió el "Comité de Investigación sobre la Educación Especial" (Romero y Lavigne, 2005). Es una declaración de los principios que deben regir la Educación Especial: *"todos los niños tienen derecho a asistir a la escuela ordinaria de su localidad, sin posible exclusión"*. Este estudio influye en diferentes leyes europeas sobre educación (Ríos, 2003). A este cambio conceptual han ayudado numerosos elementos, pero es a este documento al que le debemos el concepto de *necesidades educativas especiales*. (Contreras, 2004).

La atención educativa a esta población ha experimentado una gran evolución en las últimas décadas, siendo por tanto muy dinámica. La publicación de los últimos decretos y órdenes, así como la divulgación editorial y congresual de investigaciones y experiencias lo prueban (Junta de Andalucía, 2001). En esta línea citamos al Plan Mejor Escuela de Infraestructuras Educativas (Acuerdo 11/10/2005), por el que todos los centros deberán disponer de todos los elementos para facilitar la entrada y tránsito por sus instalaciones. Niños y niñas con necesidades educativas especiales tienen en **nuestra área** una importante faceta educativa ya que con la educación física adaptada consiguen el máximo desarrollo de su personalidad, si tenemos en cuenta sus posibilidades y limitaciones (Simard, Caron y Skrotzky, 2003)

En este sentido, la LOMCE/2013 nos dice que *"en esta etapa se pondrá especial énfasis en la atención a la diversidad del alumnado, en la atención individualizada, en la prevención de las dificultades de aprendizaje y en la puesta en práctica de mecanismos de refuerzo tan pronto como se detecten estas dificultades"*.

A lo largo de este Tema veremos cómo son las características generales de los tipos y grados de discapacidades: motoras, psíquicas, sensoriales, en relación con la actividad física, así como otras deficiencias que nos encontramos en nuestras escuelas: alumnado procedente de la inmigración y a los que padecen deprivación social.

1. ALUMNOS CON NECESIDADES EDUCATIVAS ESPECIALES.

Se entiende por alumnado que presenta necesidades educativas especiales, aquel que requiere, por un periodo de su escolarización o a lo largo de toda ella, determinados apoyos y atenciones educativas específicas derivadas de discapacidad o trastornos graves de conducta (L. O. E., 2006).

Se concretan en **apoyos** complementarios a la atención educativa habitual que les permitan desarrollar las capacidades, conocimientos, habilidades y destrezas que constituyen los objetivos del currículo, con independencia del origen de esas necesidades (Junta de Andalucía, 2001 y O. 25/07/2008).

Existen determinadas diferencias terminológicas entre la LOE/2006 y la LEA/2007. La aprobación de la primera trajo consigo, entre otros cambios, modificaciones en la organización de la atención a la diversidad. Una de estas concierne al concepto de Necesidades Educativas Especiales, redefinido en el Título III: Equidad en la Educación, de la citada ley y ratificado, aunque aceptando un enfoque más amplio del concepto, en la Ley 17/2007 (LEA 2007). Modificaciones que se deben, por un lado, a la aparición de un nuevo concepto más general (Necesidades Específicas de Apoyo Educativo) y, por otro, a las modificaciones intrínsecas del mismo.

A groso modo podemos decir, que este nuevo "gran" concepto: Necesidades Específicas de Apoyo Educativo (NEAE) engloba, desde el punto de vista de la LOE 2006, al alumnado con necesidades educativas especiales (NEE) derivadas de discapacidad o trastornos graves de conducta, al alumnado con altas capacidades intelectuales, al alumnado con incorporación tardía en el Sistema Educativo Español, al alumnado con dificultades específicas de aprendizaje o al alumnado con condiciones personales o de historia escolar compleja. La LEA 2007, sin embargo, amplia dicho concepto, incluyendo, además de lo referido en la LOE 2006, la compensación de desigualdades sociales. En relación con las necesidades educativas especiales, tanto la LEA como la LOE coinciden en articular que el alumnado con necesidades educativas especiales es aquel que requiere, por un período de su escolarización o a lo largo de toda ella, determinados apoyos y atenciones educativas específicas derivadas de discapacidad o trastornos graves de conducta (VV. AA., 2008).

Marchesi y Martín (2002), indican que los alumnos con necesidades educativas especiales son aquellos que "*requieren unos esfuerzos y recursos específicos para conseguir que lleguen a lograr las finalidades previstas para el grupo*".

En todo caso, no debemos entender esta circunstancia como algo estático, sino mejorable por nuestra mediación (Macarulla y Saiz -coords.-, 2009). Algunas causas, son:

- Enfermedades que les han impedido una escolarización óptima.
- Problemas familiares o sociales que le han imposibilitado concentrarse en los aprendizajes.
- Problemas de aprendizaje de diversa índole y que requieren una atención más selectiva.
- Discapacidad sensorial, psíquica, motriz... que les dificulta el uso de los recursos ordinarios.

Así pues, en la escuela se encuentran alumnas y alumnos con déficit intelectual de diversos grados, con trastornos sensoriales en la vista u oído, con irregularidades motóricas, aunque con sus capacidades intelectuales plenas. También escolares con alteraciones graves de la personalidad y de la conducta, con carácter más o menos transitorio (O. 25/07/2008).

González Manjón (1995), indica que la escuela tiene prevista su respuesta educativa con una serie de **adaptaciones** de diversa índole, que recogemos especialmente en la segunda y tercera parte del Tema 22, toda vez viene así recogido en su título.

Específicamente, el Área de Educación Física tiene en la Educación y Reeducación Psicomotriz (esquema corporal, percepción, coordinación, etc.) sus grandes recursos para poner en acción las técnicas educativas y conseguir una mejor integración escolar y social (Ruiz Pérez, 2005). Por otro lado, los docentes especialistas nos encontramos con la tarea de compatibilizar los intereses generales del grupo clase con la del alumnado que presenta déficit, atendiendo a sus características individuales (Asún y otros, 2003).

1.1. NORMATIVA QUE REGULA LAS NECESIDADES EDUCATIVAS ESPECIALES.

La Constitución española (1978) reconoce, en su artículo 49, los derechos que tienen las personas con minusvalías. El R. D. 126/2014, por el que se establece el currículo básico de la Educación Primaria, en su artículo 10, indica que "*las administraciones educativas fomentarán la calidad, equidad e inclusión educativa de las personas con discapacidad, la igualdad de oportunidades y no discriminación por razón de discapacidad, medidas de flexibilización y alternativas metodológicas, adaptaciones curriculares, accesibilidad universal, diseño para todos, atención a la diversidad y todas aquellas medidas que sean necesarias para conseguir que el alumnado con discapacidad pueda acceder a una educación educativa de calidad en igualdad de oportunidades*".

La L.O.E. (2006), en su artículo 4, indica que la atención a la diversidad es un **principio fundamental**. En el Título II "*Equidad en la Educación*", capítulo I, señala al "*alumnado con necesidad específica de apoyo educativo*". En el artículo 71 especifica que este grupo engloba a quienes tienen "*necesidades educativas especiales, quienes padecen dificultades específicas de aprendizaje; el alumnado con altas capacidades intelectuales; quienes se hayan incorporado tarde al sistema educativo y aquellos afectados por condiciones personales o de historia escolar*". En el artículo 73 establece que el alumnado con necesidades educativas especiales es el que padece discapacidad (sensorial, psíquica o motóricas) y trastornos graves de conducta. Ya en el Capítulo II trata la "*Compensación de las desigualdades en educación*" (determinados alumnos que se "*encuentren en situaciones desfavorables*").

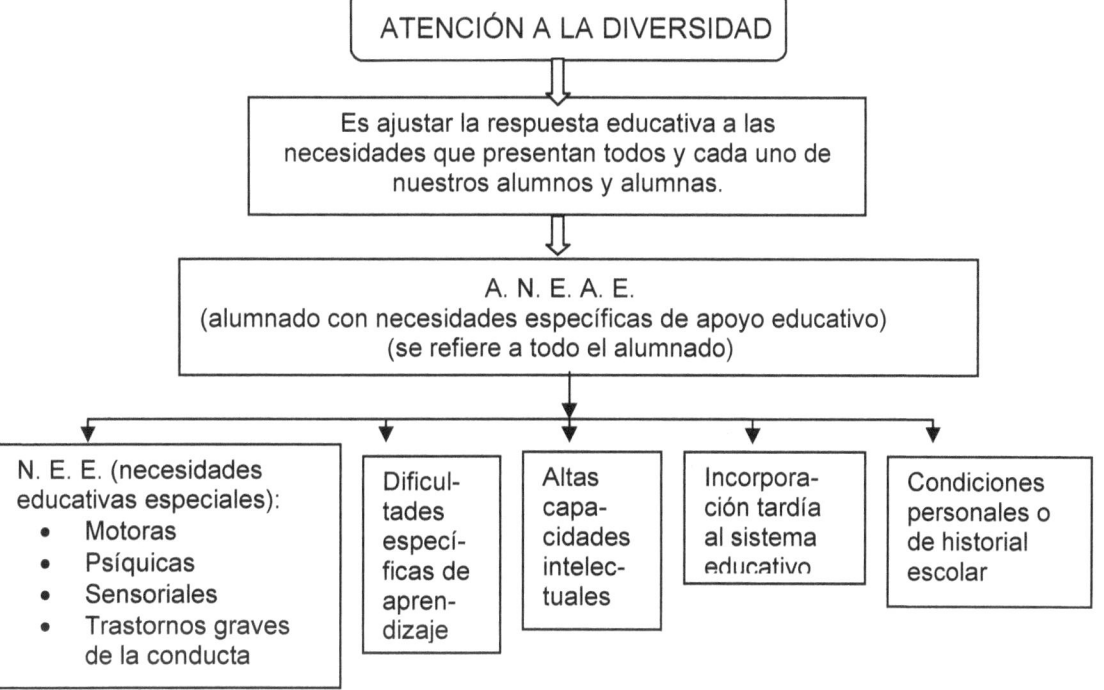

La LOMCE/2013, modifica algunos artículos de la LOE/2006. Concretamente, el artículo 1, párrafos b; k; l. Además, de añaden nuevos párrafos h bis; q, en los siguientes términos:

"b) La equidad, que garantice la igualdad de oportunidades para el pleno desarrollo de la personalidad a través de la educación, la inclusión educativa, la igualdad de derechos y oportunidades que ayuden a superar cualquier discriminación y la accesibilidad universal a la educación, y que actúe como elemento compensador de las desigualdades personales, culturales, económicas y sociales, con especial atención a las que se deriven de cualquier tipo de discapacidad.

h bis) El reconocimiento del papel que corresponde a los padres, madres y tutores legales como primeros responsables de la educación de sus hijos.

k) La educación para la prevención de conflictos y la resolución pacífica de los mismos, así como para la no violencia en todos los ámbitos de la vida personal, familiar y social, y en especial en el del acoso escolar.

l) El desarrollo, en la escuela, de los valores que fomenten la igualdad efectiva entre hombres y mujeres, así como la prevención de la violencia de género.

q) La libertad de enseñanza, que reconozca el derecho de los padres, madres y tutores legales a elegir el tipo de educación y el centro para sus hijos, en el marco de los principios constitucionales."

Por su parte, la L. E. A. /2007, artículo 113, establece que *"se considera alumnado con necesidades específicas de apoyo educativo aquel que presenta necesidades educativas especiales debidas a diferentes grados y tipos de capacidades personales de orden físico, psíquico, cognitivo o sensorial; el que, por proceder de otros países o por cualquier otro motivo, se incorpore de forma tardía al sistema educativo, así como el alumnado que precise de acciones de carácter compensatorio y al que presenta altas capacidades intelectuales"*.

En nuestra **Comunidad** destacamos específicamente la siguiente legislación más significativa:

- Junta de Andalucía. Ley 1/1999, de 31 de marzo. Atención a las personas con discapacidad en Andalucía. Consejería de Asuntos Sociales. BOJA nº 45, de 17/05/1999. Junta de Andalucía.

- Ley 9/1999, de 18 de noviembre. Solidaridad en la Educación. BOJA nº 140, de 02/12/1999.

  En 1999, Andalucía se incorporó a la **Agencia Europea para el Desarrollo en Necesidades Educativas Especiales**. La participación se canaliza a través de la C. de Educación. La finalidad de está actuación es contribuir al logro de los objetivos establecidos en la Ley 9/1999, de Solidaridad en la Educación, especialmente la mejora de la calidad de la atención que recibe el alumnado con n. e. e.

- Junta de Andalucía (2002). Decreto 147/2002, de 14 de mayo. Ordenación de la atención de alumnado con necesidades educativas especiales. BOJA nº 58, de 18/05/2002.

- Junta de Andalucía (2003). Decreto 167/2003, de 17 de junio. Sobre la atención educativa a los alumnos con necesidades educativas especiales asociados a condiciones sociales desfavorecidas. BOJA nº 118, de 23/06/2003.

- Junta de Andalucía (2008). Orden de 25 de julio de 2008, por la que se regula la atención a la diversidad del alumnado que cursa la educación básica en centros docentes públicos de Andalucía. BOJA nº 167, de 22/08/2008.
- Junta de Andalucía (2011). Acuerdo de 4 de octubre de 2011, del Consejo de Gobierno, por el que se aprueba el Plan de Actuación para la atención educativa al alumnado con necesidades específicas de apoyo educativo por presentar altas capacidades intelectuales en Andalucía 2011-2013 (BOJA 17-10-2011).
- Junta de Andalucía (2013). Instrucciones de 28 de mayo de 2013 de la Dirección General de Participación y Equidad por las que se regula el procedimiento para la aplicación del protocolo para la detección y evaluación del alumnado con necesidades específicas de apoyo educativo por presentar altas capacidades intelectuales.

1.2. LAS ADAPTACIONES CURRICULARES COMO MEDIDAS A TOMAR ANTE EL ALUMNADO CON NECESIDADES EDUCATIVAS ESPECIALES.

La **educación inclusiva** se sustenta en un desarrollo social de los derechos humanos que promueven la justicia social y la igualdad de oportunidades. Por ello debemos conocer modelos de prácticas que faciliten estrategias y recursos para implementar la inclusión de las personas con discapacidad en los programas de Educación Física en las **etapas** educativas, así como en las actividades desarrolladas en los centros deportivos y clubes (Comité Paraolímpico Español, 2014).

La adaptación curricular es un logro que empieza con la Reforma y la LOGSE, hoy derogada por la L. O. E., y al que la Educación Física ha contribuido de manera muy importante, de tal forma que el desarrollo de nuestra Área y materia ha crecido análogamente a este proceso (Navarro, 2007).

Precisamente la L. O. E. (2006), en su artículo 4, punto 3, indica que "*sin perjuicio de que a lo largo de la enseñanza básica se garantice una educación común para los alumnos, se adoptará la atención a la diversidad como principio fundamental. Cuando tal diversidad lo requiera, se adoptarán las medidas organizativas y curriculares pertinentes, según lo dispuesto en la presente Ley*".

El Título II, capítulo I, trata sobre el "alumnado con necesidad específica de apoyo educativo", destacando los grupos que hemos citado anteriormente: necesidades educativas especiales (discapacidades); dificultades específicas de aprendizaje; altas capacidades; incorporación tardía; condiciones personales o de historia escolar.

Entre las medidas contempladas en la L. O. E. (2006) destacamos a "*las adaptaciones del currículo, la integración de materias en ámbitos, los agrupamientos flexibles, los desdoblamientos de grupos, la oferta de materias optativas, programas de refuerzo y programas de tratamiento personalizado para el alumnado con necesidad específica de apoyo educativo*". En **resumen**, el sistema educativo utiliza la **flexibilidad curricular y la individualización** como sus principales **ejes de actuación** (Bravo, 2008).

Las diversas comunidades autónomas españolas tienen legislada específicamente la "Atención a la Diversidad". Por ejemplo, la Orden de 25 de julio de 2008, por la que se regula la atención a la diversidad del alumnado que cursa la educación básica en los centros docentes públicos de Andalucía, que a continuación tomamos como referencia.

Debemos **evaluar** para **identificar** las posibles **ayudas** que pueda necesitar un alumno lo antes posible y por personal cualificado (LOE, art. 71):

a) ¿Qué evaluar?: variables relativas al alumno: competencia curricular previa, entorno social, familiar, etc.
b) ¿Cómo evaluar?: entrevista con familia, alumno, médico, etc. Estudiar el expediente que tenga y realizar pruebas de rendimiento sobre inteligencia, destrezas, etc.
c) ¿Quién evalúa?: E.O.E. (D. 213/1995; O. 23/07/2003), como personal cualificado para pasar pruebas psicotécnicas. Debe, posteriormente, asesorar al profesorado para adecuar el currículum. Maestro de P. T. (O. 25/07/2008). El propio tutor ya que tiene información continua y puede introducir cambios curriculares.

1.2.1.- LOS PROGRAMAS DE ADAPTACIÓN CURRICULAR.

Resumimos lo publicado en la O. de 25 de Julio de 2008, por la que se **regula la atención a la diversidad** del alumnado que cursa la educación básica en centros docentes públicos de Andalucía, BOJA nº 167, de 22/08/2008.

La adaptación curricular es una medida de **modificación** de los elementos del currículo, a fin de dar **respuesta** al alumnado con necesidades específicas de apoyo educativo (A. N. E. A. E.)

Los **programas** van dirigidos al alumnado de educación primaria y secundaria que se encuentre en alguna de estas situaciones (VV. AA., 2008):

a) Alumnado con necesidades educativas especiales.
b) Alumnado que se incorpora tardíamente al sistema educativo.
c) Alumnado con dificultades graves de aprendizaje.
d) Alumnado con necesidades de compensación educativa.
e) Alumnado con altas capacidades intelectuales.

En cualquier caso, la **escolarización** del alumnado que sigue programas de adaptación curricular se regirá por los **principios** de normalización, inclusión escolar y social, flexibilización y personalización de la enseñanza.

La escolarización del alumnado que se incorpora tardíamente al sistema educativo se realizará atendiendo a sus circunstancias, conocimientos, edad e historial académico. Cuando presenten graves carencias en la lengua española, recibirán una atención específica que será, en todo caso, simultánea a su escolarización en los grupos ordinarios. En este caso, el área de Educación Física contribuye especialmente debido a la relación sociomotriz que suponen los juegos motores.

Todos los centros dispondrán de recursos específicos que permitan garantizar la escolarización en condiciones adecuadas. Asimismo, recibirán una atención preferente de los servicios de apoyo a la educación.

Los programas de adaptación curricular en su concepción y elaboración podrán ser de **tres tipos** (VV. AA., 2008):

a) <u>Adaptaciones curriculares no significativas</u>, cuando el desfase curricular con respecto al grupo de edad del alumnado es **poco** importante. Afectará a los elementos del currículo que se consideren necesarios, metodología y contenidos, pero **sin modificar** los objetivos de la etapa educativa ni los criterios de evaluación. Son las más habituales.

b) Adaptaciones curriculares significativas, cuando el desfase curricular con respecto al grupo de edad del alumnado haga necesaria la modificación de los elementos del currículo, incluidos los objetivos de la etapa y los criterios de evaluación.

c) Adaptaciones curriculares para el alumnado con altas capacidades intelectuales. No nos afectan directamente. En cualquier caso, se nos pueden presentar chicas o chicos que hacen deporte en escuelas o en clubes. Su mayor nivel de habilidad nos hará que aumentemos la dificultad de la tarea o la velocidad de ejecución de la misma.

NOTAS:

a) Ver este punto más detallado en el Tema 22.
b) Esta terminología puede variar en función nos situemos en una u otra comunidad autónoma.

2. CARACTERÍSTICAS GENERALES DE LOS TIPOS Y GRADOS DE MINUSVALÍAS: MOTORAS, PSÍQUICAS Y SENSORIALES EN RELACIÓN CON LA ACTIVIDAD FÍSICA.

En la bibliografía especializada existen diversas clasificaciones sobre las minusvalías (Pérez Turpin y Suárez, 2006). Seguiremos, por razones obvias, la expresada en el **título** del **Tema** y siempre referida a su implicación con la actividad física.

2.1. MOTORAS.

Son las deficiencias y alteraciones del aparato **locomotor** y de su funcionamiento, es decir, las que afectan a las funciones **motrices**: paresias, parálisis, alteraciones de equilibrio y coordinación, etc. Inciden en los sistemas óseo, muscular, articular y nervioso (Cumellas y Estrany, 2006). Estas modificaciones debidas al funcionamiento incorrecto del sistema nervioso y óseo/muscular que les impiden ejecutar determinados movimientos como los demás pueden ser **transitorias o permanentes** (Bravo, 2008).

Los chicos y las chicas que las padecen se **caracterizan** porque están en una situación de partida inferior a los demás debido a esa movilidad reducida (Hernández -coord.-, 2015). Los defectos pueden ser: posturales, de desplazamiento, en la coordinación motriz, en las manipulaciones gruesas o finas, problemas de equilibrio, incapacidad para seguir ritmos, entre otras (Ruiz Pérez, 2005).

Además, estas discapacidades pueden estar **aisladas** o bien **ligadas** a otras de tipo sensorial, de expresión verbal, etc. En este campo se da una mayor variabilidad en cuanto a tipos y grados, lo que hace compleja la toma de decisiones por el docente (Arráez, 1998). Estamos hablando de "*plurideficiencias*" (López Franco, 2004).

Por otro lado, presentan una **disarmonía** en el desarrollo evolutivo, más acusada conforme mayor es la afectación motriz, sensorial o cognitiva; una limitación para la comunicación vocal, necesitando en ocasiones el empleo de sistemas de comunicación no verbal; y un potencial cognitivo diferente, que oscila desde la inteligencia conservada, al retraso mental en sus diversos grados (Serrano y Benavides, 2016).

El alumnado con esta discapacidad se enfrenta a los siguientes retos:

- Alcanzar la máxima movilidad en su entorno
- Conseguir la mayor capacidad de comunicación

La discapacidad motórica representa un 10% del alumnado con necesidades educativas especiales por razón de discapacidad. De ellos, un 50% se debe a parálisis cerebral, un 12% a problemas de espina bífida y el 38% restante lo componen otras dificultades motrices de diversas causas, sobre todo las distrofias y los síndromes (J. de Andalucía, 2001). Englobadas en este concepto, existen **numerosas patologías** que inciden en la discapacidad motriz o física (Bravo, 2008).

Las **clasificamos** en:

a) Parálisis cerebral	b) Lesiones medulares	c) Enfermedades fisiológicas y físico-orgánicas

a) **Parálisis cerebral**.

Es una anomalía neuromotriz provocada por el desarrollo defectuoso o por lesión del cerebro durante el periodo pre-natal, peri-natal o postnatal (Rigal, 2006). Es una secuela directa de una agresión encefálica no evolutiva, que se caracteriza básicamente por un desorden persistente, variable, del tono muscular, la postura y el movimiento y que aparece durante la primera infancia, limitando sus actos motores (Simard, Caron y Strotzky, 2003). Los problemas de movilidad pueden ir asociados a otros como clínicos, sensoriales, perceptivo, comunicativos... (Bravo, 2008).

La **clasificación** de la Parálisis Cerebral se puede hacer atendiendo a varios criterios: topografía, tipo de alteración del tono y su intensidad.

- Según la **topografía** de la afectación:

    Monoparesia: un solo miembro

    Hemiparesia: de un lado

    Parapesia: en los dos miembros inferiores

    Tetraparesia: en los cuatro miembros

- Según el tipo de **alteración del tono** muscular y el control del movimiento. Se manifiesta por sus síntomas observables (Simard, Caron y Strotzky, 2003):

    Hipotónico: el tono muscular está disminuido.

    Espástica: el tono muscular está muy aumentado.

    Atetósica: el tono muscular es fluctuante, varía de la hipotonía a la hipertonía según la actividad y el momento emocional.

    Atáxica: el tono muscular suele estar disminuido. Están comprometidos el equilibrio dinámico y estático, así como la estabilidad postural y la coordinación de habilidades y precisión de movimientos.

Formas mixtas: los casos más habituales son una mezcla de espasticidad y atetosis, aunque también se dan casos de atetosis con ataxia y espasticidad, y hasta de las tres formas a la vez. Los efectos son diversos según el predominio de una sobre otra.

- Según la **intensidad** de la lesión:

Leves: cuando los movimientos están mal dirigidos pero permiten caminar y hablar.

Moderadas: cuando se presentan dificultades para caminar y hablar.

Severas: no permiten caminar y el lenguaje está muy afectado.

En la problemática de las actividades motrices de la parálisis cerebral, destacamos que el desarrollo del niño afectado es más lento que en el normal y tiene los reflejos arcaicos durante más tiempo. Durante la práctica de la educación física tendremos en cuenta una serie de pautas porque su sistema sensomotor está muy afectado (Sánchez Rodríguez y Llorca, 2004):

- Problemas perceptivos-motores: dificultades en configurar el esquema corporal.
- Dificultades en el tono muscular: alteraciones del control postural y equilibrio.
- Conflictos con su lateralidad y en la orientación témporo-espacial.

No deben hacerse actividades complejas ni continuadas. En todos los casos es necesario un conocimiento concreto de las deficiencias y las causas de las mismas, pues sólo de esta forma se podrán tratar con el correspondiente programa de desarrollo individual.

Nota: La actuación didáctica específica, pautas de actuación, etc. es propio del Tema 22

b) **Lesiones medulares**.

Se refiere a la pérdida parcial de las fibras del cordón lateral del haz córticoespinal, sobre todo en la zona dorsal y lumbar, y menos en la cervical. La mayoría tienen su etiología en accidentes y traumatismos directos.

- La **espina bífida** es una malformación congénita de la columna y de la médula espinal en sus envolturas, la cual no se ha desarrollado en su totalidad, teniendo una bifurcación en la parte terminal que imposibilita la protección del paquete nervioso (Bravo, 2008). Puede tener varios niveles de gravedad y acumular complicaciones, por ejemplo, exceso de líquido céfalo-raquídeo en el interior de la cabeza -hidrocefalia- (Ríos, 1998).

    La deformación de la médula y de las raíces raquídeas causará el déficit neurológico, en el equilibrio y sobre todo en sus miembros inferiores, que les dificulta o impide la **deambulación**. Puede ser "*oculta*" o "*quística*", y ésta se subdivide en "Meningocele" y "Mielomeningocele" (Simard, Caron y Strotzky, 2003).

- Entre los **síndromes** adquiridos por procesos **traumáticos** (accidentes) o **infecciosos** como la poliomielitis, que es una virasis del asta anterior de la médula espinal, donde se localizan las neuronas motrices (López Franco, 2004), destacamos a:

- Monoplejía: sólo está afectada una extremidad.
- Hemiplejía: está perjudicada la pierna y el brazo del mismo lado.
- Doble hemiplejía: afectación en ambos lados.
- Paraplejia: daños en los dos miembros inferiores.
- Diplejía: mayor daño en los miembros inferiores que en los superiores.
- Tetraplejia: afectación de los miembros superiores e inferiores por igual.
- Triplejía: inmovilidad de tres miembros.

c) **Enfermedades fisiológicas o físico-orgánicas**.

De las muchas existentes nombramos a **varias**, que tienen diversas etiologías:

- Amputaciones traumáticas debidas a accidentes o las obligadas por procesos infecciosos. Hay pérdida total o parcial de una o varias extremidades (López Franco, 2004).

- Malformaciones congénitas, por ejemplo, en los pies, brazos, raquis, etc.

- Miopatías. También se llaman **distrofias musculares**. Hay una degradación en el funcionamiento muscular con independencia de su inervación. Suelen ser hereditarias y progresivamente va aumentando el deterioro del músculo esquelético, siendo la "Distrofia Muscular de Duchene" una de las más conocidas (Bravo, 2008). Existen varios niveles de afectación y se manifiestan por la lentitud, falta de fuerza, sincinesias, etc. (Gomendio, 2000).

- Diabetes. Es un desequilibrio en la capacidad normal del cuerpo para metabolizar o aprovechar los alimentos, describiéndose un estado de aumento de glucosa en sangre.

- Hemofilia. Es una enfermedad hereditaria que afecta al mecanismo de coagulación sanguínea, apareciendo los problemas clínicos como consecuencia de una coagulación anormal después de una herida o contusión.

- Obesidad. Es un aumento patológico de la grasa corporal produciendo un peso superior al normal. La movilidad se ve muy reducida (Martínez, 2006).

- Cardiopatías. Son las enfermedades del corazón. Las más usuales son.
  - Congénita. Adquirida durante el desarrollo embrionario.
  - Insuficiencia cardiaca. Enfermedades de las arterias coronarias.
  - Miocardiopatía. Debilidad muscular cardiaca con aumento patológico del volumen cardíaco.
  - Arritmia. Frecuencia cardiaca alta o lenta que producen, entre otras cosas mareos e inestabilidad.
  - Aparte están las lesiones valvulares, endocarditis, palpitaciones y las malformaciones cardiacas. Éstas afectan a un elevado porcentaje de niñas y niños con el Síndrome de Down (Escribá, 2002).

- Asma. Es un problema de las vías respiratorias con estrechamiento de los bronquios. Es más frecuente en niños que en niñas y suele desaparecer hacia la pubertad (Naranjo, 2006).

- Alergias. Es una sensibilidad especial que tienen las personas de todas las edades antes ciertas sustancias, como pólenes y polvo, que les provocan alteraciones cutáneas, respiratorias, oculares, etc.

- Epilepsias. Es un síntoma de trastorno repetido en la actividad eléctrica normal del cerebro.

- Tuberculosis. Es una enfermedad infecciosa que suele atacar al pulmón.

- Poliomielitis. Es una enfermedad infecciosa aguda. El "poliovirus" ataca el sistema nervioso y destruye las células encargadas del control muscular.

- Otras. Desnutrición, enfermedades de la piel, etc.

Nota: La actuación didáctica, pautas de actuación, etc. se corresponde con el T. 22.

2.2. PSÍQUICAS.

Bonany (1998), citando la definición de la O. M. S. (1983), indica que la discapacidad mental es *"un funcionamiento inferior al término medio, con perturbaciones en el aprendizaje, maduración y ajuste social, constituyendo un estado en el cual el desarrollo mental es incompleto o se detiene."* En un principio, toda **afectación** del sistema nervioso central, cualquiera que sea su causa, es susceptible de ocasionar una disminución de la capacidad intelectual (Bravo, 2008).

El grupo más numeroso (60%), dentro del alumnado con discapacidad, lo constituye el que padece retraso mental en sus diversos estadios: leve, moderado, grave y profundo. De ellos, el 63% tiene retraso mental leve, el 25% moderado, el 7% grave y el 5% profundo.

Las perspectivas educativas y sociolaborales **características** de este grupo son muy diversas y están condicionadas por el grado de afectación y por las posibles deficiencias asociadas (Gallardo, 2008). Pero, sobre todo, va a depender de la capacidad de la escuela para ajustar la intervención educativa a las necesidades que este colectivo presente y del compromiso de la sociedad, en su conjunto, por la promoción e inserción laboral, real y efectiva de ellas y de ellos (J. de Andalucía, 2001).

Es necesario que estos individuos asimilen lo antes posible los conceptos témporo-espaciales, que les plantean una gran dificultad, para que comprendan el espacio y se adapten a multitud de situaciones cotidianas (Arráez, 1998).

Seguimos la **clasificación** que, en dos grandes grupos, propone la J. de Andalucía (2000), quien en las "Novedades para la actualización del censo de alumnos con N. E. E. en nuestra Comunidad", Anexo I, especifica las siguientes discapacidades relacionadas con los déficits psíquicos:

a) **Retraso mental**:
Se refiere a personas que tienen un coeficiente intelectual (C. I.) inferior a 70. Comúnmente se clasifican en función a esta medida de nivel del intelecto (Bonany, 1998).

El retraso es de etiología **genética**, como las alteraciones metabólicas, o **adquirida**, como las cromosopatías o alteraciones en los cromosomas a causa de radiaciones, virasis, edad avanzada en los padres, etc. Por ejemplo, Síndrome de Down, de Edwards, y otros.

También puede estar causado por síndromes **prenatales** (alteraciones patológicas de la madre, como la rubéola), **perinatales** (a causa de una lesión en el parto) y **postnatales**, como infecciones, malnutrición y traumatismos, entre otras causas (Gomendio, 2000).

- Inteligente Bordeline: Grupo constituido por quienes poseen un C. I. Entre 70 y 85. Asimilan con esfuerzo los conocimientos escolares (Bravo, 2008).

- Retraso leve: Coeficiente intelectual (C. I.) entre 50-55 y 70. La mayoría no presenta etiología física identificable, por lo que se les denomina discapacitados mentales de tipo "cultural-familiar" y también "sujetos medianamente en desventaja" o "alumnado con disfunción cerebral mínima". Se caracterizan por tener equilibrio insuficiente; dificultad al realizar ejercicios de lateralidad; tener menos precisión y rapidez; dificultad en la orientación espacial y pocas diferencias en los aspectos coordinativos en comparación a los niños normales. Tienen diferencias entre su edad cronológica y edad real, con retrasos académicos. En este grupo se encuadran a otros sujetos con otros problemas de aprendizaje y perturbaciones emocionales.

- Retraso moderado: C. I. entre 35-40 y 50-55. Con dedicación pueden llegar a alcanzar un nivel similar al de primer ciclo de Primaria en lecto-escritura y matemáticas. Muestran una coordinación motriz "aceptable" y habilidades para desarrollar un oficio simple. Una gran parte posee etiología física como causa de su retraso.

- Retraso grave: C. I. entre 20-25 y 35-40. Pueden llegar a los 3-5 años de edad mental. Algunos son capaces de adquirir unas mínimas destrezas para su vida diaria, aunque no llegan a ser semi-independientes. Pueden lograr comunicarse muy básicamente, así como tener cotas mínimas de higiene personal.

- Retraso profundo: C. I. inferior a 20-25. No alcanzan una edad mental superior a los 3 años y no están normalmente escolarizados en colegios estándar. Algunos pueden aprender a caminar, aunque tienen poca conciencia de su entorno, pero entre ellos hay mayor incidencia de déficit motor, sensorial y físico y mayor propensión a una muerte temprana. Nula autonomía y expresión por lo que requieren atenciones continuas.

b) **Trastornos generales del desarrollo**:

- Trastornos del desarrollo y de la personalidad. Engloba a los trastornos psíquicos sobre el control de los impulsos, esquizofrenia y otros desórdenes psicóticos.
Se pueden diferenciar los que padecen "neurosis" de los que padecen "psicosis", de acuerdo a sus características y etiología.
Los neuróticos tienen contactos con la realidad, saben "donde están", tienen problemas emocionales. Los psicóticos, en cambio, pierden el

contacto con la realidad. Por ejemplo, los autistas son los más conocidos, pero también citamos a quienes padecen el trastorno de Rett, o el síndrome de Asperger.

- <u>Autismo</u>. Es un trastorno profundo del desarrollo que se manifiesta como una incapacidad para relacionarse con normalidad con las personas y las situaciones. En este grupo hay diferencias individuales dependiendo del nivel intelectual, las condiciones del entorno familiar, la presencia o no de otras discapacidades y la respuesta educativa y de estimulación dadas. Se caracterizan por (J. de Andalucía, 2001):

    o Falta de comunicación e interacción social
    o Retraso en el uso del habla y comunicación
    o Insistencia en mantener un ambiente sin cambios
    o Retraso mental asociado, en un alto porcentaje
    o Alteraciones en el ritmo de desarrollo
    o Respuestas anormales a estímulos visuales
    o Desarrollo de patrones estereotipados

Otra clasificación sobre la discapacidad psíquica es la presentada por López Franco (2004), quien establece tres grupos:

- Por el cociente intelectual
- Según el nivel de desarrollo y de eficiencia social
- Por la intensidad de los apoyos requeridos para ejecutar eficazmente una tarea

Nota: La actuación didáctica, pautas de actuación, etc. se corresponde con el T. 22.

2.3. SENSORIALES.

La discapacidad sensorial es una pérdida total o parcial de la **función** de uno o varios sentidos que conlleva la captación de estímulos visuales o sonoros (Barcala, 2009). Las deficiencias sensoriales pueden tener su **origen** en alteraciones en el Sistema Nervioso Central, en el Periférico, o de ambos a la vez. Por lo general, cuando hablamos de deficiencias sensoriales, nos vamos a referir a las de **visión** o las de **audición** (Cumellas y Estrany, 2006).

Seguimos la **clasificación** dada en el Anexo I de "Novedades para la actualización del censo de alumnos con N. E. E. en nuestra Comunidad" (J. de Andalucía, 2000):

a) **Discapacidad auditiva y trastornos graves del lenguaje**:

Los sonidos tienen varias características, como intensidad, frecuencia, etc. La intensidad se mide en decibelios (dB) (Barcala, 2009).

Las sorderas pueden ser **pre-locutivas** o acontecida antes de la adquisición del habla o **post-locutivas**, que se producen a partir de los tres años de edad, o más exactamente cuando el niño o la niña ya tiene el habla adquirida (Hernández -coord.-, 2015).

Se **caracteriza** por la falta de comprensión de los mensajes dados vía oral exclusivamente. Se debe a que la discapacidad auditiva repercute directamente sobre el proceso de adquisición y desarrollo del lenguaje. Su impacto varía según la edad de aparición, tipo y grado de sordera, la estimulación auditiva y del lenguaje recibido desde que se produce, el tipo de escolarización y las competencias cognitivas y contexto sociocultural en el que está (J. de Andalucía, 2001).

Por otro lado, la sordera suele ir emparejada con un trastorno vestibular (equilibrio) pudiendo retrasar, en ocasiones, la marcha y otras habilidades básicas. Hay escolares que presentan, además de la pérdida auditiva, problemas de adaptación y aprendizaje, así como otras alteraciones de tipo psicológico.

Las **clasificamos** en:

- **Déficit auditivo**. No puede aliviarse con prótesis que le permita una eficacia auditiva suficiente como para seguir una escolarización normal. Diferenciamos a:
    - Hipoacusia: pérdida hasta 40-60 dB. Tienen mayores posibilidades de adquirir el lenguaje oral con apoyo protésico, prácticas en discriminación auditiva y apoyo logopédico.
    - Sordera profunda: pérdida superior a 60 dB. Esta población, aún con prótesis, carecen de audición funcional para la vida diaria y no pueden adquirir el lenguaje por vía auditiva. Por lo general hay que recurrir al lenguaje de signos para desarrollar el pensamiento y el lenguaje y evitar los graves desfases cognitivos y comunicativos que, de no ser así, padecerían (J. de Andalucía, 2001).

- Grave **retraso** generalizado del **lenguaje**:
    - Disfasia: es la pérdida parcial del habla.
    - Afasia: es la pérdida total del habla debida a una lesión cortical en las áreas específicas del lenguaje.
    - Otras alteraciones graves del lenguaje.

Lo más fundamental para esta población es una **detección temprana** y ofrecerles un "código de comunicación" desde la Etapa Infantil para que vayan estructurando el pensamiento, representando la realidad, comunicándose, socializándose y adquiriendo el conocimiento (Mendoza, 2009). No olvidemos que el individuo oyente tiene acceso a un código socialmente mayoritario, que es el lenguaje oral, pero quienes tienen sordera no pueden llegar a él. El lenguaje moldea el pensamiento, representa la realidad y los individuos se socializan. En cambio, las personas con sordera, al carecer de lenguaje, tendrán problemas al conocer las cosas que se transmiten por la voz, pero tienen la capacidad de abstraer los conocimientos a través del lenguaje de signos, relacionando un gesto con un objeto, acción, adjetivo, etc. (Bernal, 2002).

En cuanto al código de comunicación a trabajar depende de las características de los individuos. Hoy día hay dos grandes tendencias que podemos aplicar en nuestras clases de educación física:

- Métodos **oralistas** (labial). Adquirir el lenguaje oral a través de leer en los labios y de la reeducación auditiva.

- Métodos **gestuales**. Es el lenguaje por signos, por las manos.

No obstante, podemos señalar a otra tendencia que combina a las anteriores. Nos referimos al método **mixto** o **bimodal**. Es hablar y gesticular al unísono. De ahí la **importancia** de nuestra **Área** para dominar el Esquema Corporal y aprender a expresar corporalmente.

Alegre (2008), indica los beneficios de potenciar la comunicación oral a través de la **lectura labial** y el método **verbotonal**, y también la comunicación gestual: a través de la **dactilología**, **mímica** o la **palabra complementada** o el sistema **bimodal** o el **lenguaje de signos** de la comunidad con sordera.

Pérez Turpin y Suárez (2004) citan a Lloyd y Karlan (1984), quienes dividen en dos grupos a los sistemas alternativos de comunicación:

- **No asistidos o sin ayuda**. A través de gestos, la mímica, en suma, signos manuales.
- **Asistidos o con ayuda**. A través de algún tipo de representación gráfico-visual.

  b) **Discapacidad visual**:

Es la pérdida total o parcial del sentido de la vista. Como existen varias gradaciones, lo ideal es conocer cuento antes el diagnóstico del médico especialista para realizar una correcta intervención educativa (Bravo, 2008). Diferenciamos entre:

- **Ceguera**. Ausencia total o casi total de visión, que no es aprovechable ni funcional e impide la discriminación de formas gráficas, aunque en algunos casos puedan percibir los cambios de luminosidad. Hay diversos métodos de medida, como el Optograma de Snelle. Precisan del código Braille para la adquisición de la lecto-escritura.
- **Ambliopía o Hipovisión**. Hay restos de visión útiles, pero con prácticas en discriminación visual, con el empleo de ayudas ópticas, iluminación especial y macrotipos o caracteres gráficos ampliados, se consiguen éxitos (J. de Andalucía, 2001).

Las **patologías** más frecuentes causantes de la **baja visión**, son (Vidal, 1998) y Bravo, 2008):

- Daños en el globo ocular. Patología corneal, distrofias o alteraciones en las capas de la córnea, etc.
- Cataratas o cristalino opaco.
- Glaucoma, que es el aumento de la presión intraocular.
- Miopía degenerativa o adelgazamiento de la retina.
- Atrofia del nervio óptico. Degeneración o desprendimiento de retina.
- Renitopatías varias. Síndromes varios: Marfan, Albinismo, Marchesani...
- Daños cerebrales. El globo ocular es normal y los problemas visuales son secundarios a la disfunción cerebral, como meningitis, y suele ir acompañada de otros problemas.

Entre las **características** generales que afectan a esta población con relación a la Educación Física, destacan las deficiencias en la orientación y estructuración espacial; mala lateralidad; deficiencias senso-motrices; mala relación con el mundo exterior, con los demás e inestabilidad emocional (Miñambres, 2004).

Si en todas las áreas del currículo colaboramos para su integración, **evitaremos** una serie de aspectos negativos que se ha venido dando en años atrás (Gómez, Puig y Maza, 2009).

Nota: Las pautas de actuación específicas se corresponden con el enunciado del T. 22.

CONCLUSIONES

Hemos estudiado al alumnado que tiene necesidades educativas especiales, sus tipos clásicos (motoras, sensoriales y psíquicas), y sus grados, relacionándolos con la actividad física. En cada punto hemos visto las clasificaciones y peculiaridades de cada clase. El principio subyacente es integrar a este alumnado con el resto del grupo, adaptándole el currículo con una metodología individualizada. Es misión de la escuela ordinaria proporcionar ayudas pedagógicas para satisfacer las necesidades educativas de todos. En la mayoría de ocasiones bastará con un poco de apoyo de los compañeros o bien adaptar alguno de los factores, aunque quienes tengan dificultades más serias, ni con las más profundas adaptaciones se podrá conseguir una participación integrada.

BIBLIOGRAFÍA

- ALEGRE, O. M. (2008). *Los gestos y movimientos de la diversidad*. En CUÉLLAR, Mª J. y FRANCOS, Mª C. *Expresión y comunicación corporal*. Wanceulen. Sevilla.
- ARRÁEZ, J. M. (1997). *¿Puedo jugar yo?* Proyecto Sur. Granada.
- ARRÁEZ, J. M. (1998). *Teoría y praxis de las adaptaciones curriculares en la Educación Física*. Aljibe. Málaga.
- ASÚN, S. y otros (2003). *Educación física adaptada para Primaria*. INDE. Barcelona.
- BARCALA, R. (2009). *Estrategias para la integración del alumnado con necesidades educativas especiales*. En GUILLÉN, M. y ARIZA. L. *Las Ciencias de la Actividad Física y el Deporte como fundamento para la práctica deportiva*. U. de Córdoba.
- BERNAL, J. A. (2002). *El profesor de educación física y el alumno sordo*. Wanceulen. Sevilla.
- BONANY, T. (1998). *Descripción y análisis de la discapacidad psíquica*. En RÍOS, M. y otros. *El juego y los alumnos con discapacidad*. Paidotribo. Barcelona.
- BRAVO, J. (2008). *Atención a la diversidad y su tratamiento dentro del mundo de la educación física*. CEP. Madrid.
- CENTRO NACIONAL DE RECURSOS EN EDUCACIÓN ESPECIAL (1992). *Alumnos con necesidades educativas especiales y adaptaciones curriculares*. M. E. y C. Madrid.
- COMITÉ PARALÍMPICO ESPAÑOL (2014). *La inclusión en la actividad física y deportiva*. Paidotribo. Barcelona.
- CONTRERAS, O. (2004). *Didáctica de la Educación Física. Un enfoque constructivista*. INDE. Barcelona.
- CUMELLAS, M. y ESTRANY, C. (2006). *Discapacidades motoras y sensoriales en Primaria*. INDE. Barcelona.

- ESCRIBÁ, A. (2002). *Síndrome de Down. Propuestas para la intervención.* Gymnos. Madrid.
- GALLEGO, J. (1997). *Atención a la diversidad educativa: Adaptaciones curriculares.* En DELGADO, M. A. -coord.-. *Formación y Actualización del profesorado de Educación Física y del Entrenamiento Deportivo.* Wanceulen. Sevilla.
- GALLARDO, P. (2008). *La atención educativa a las personas con deficiencia mental.* Wanceulen. Sevilla.
- GARCÍA VIDAL, J. (1993). *Guía para realizar adaptaciones curriculares.* E.O.S. Madrid.
- GOMENDIO, M. (2000). *Educación Física para la integración de niños con necesidades educativas especiales.* Gymnos. Madrid.
- GÓMEZ, C.; PUIG, N. y MAZA, G. (2009). *Deporte e integración social.* INDE. Barcelona.
- HERNÁNDEZ, F. J. -Coord.- (2015). *El deporte para las personas con discapacidad.* Edittec. Barcelona.
- GONZÁLEZ MANJÓN, D. (1995). *Adaptaciones Curriculares.* Aljibe. Málaga.
- JUNTA DE ANDALUCÍA. C.E.J.A. (1994). *La atención educativa de la diversidad de los alumnos en el nuevo modelo educativo.* Sevilla.
- JUNTA DE ANDALUCÍA. C.E.J.A. (2000). *Novedades para la actualización del censo de alumnos con N.E.E. en nuestra Comunidad. Anexo I".*
- JUNTA DE ANDALUCÍA. C.E.J.A. (2001). Revista *Andalucía Educativa.* Nº 26, agosto de 2001. Pág. 22 a 36.
- JUNTA DE ANDALUCÍA. C.E.J.A. (2003). *Plan Andaluz para la Inclusión Social.* Sevilla. Aprobado en Consejo de Gobierno de 11 de noviembre de 2003. B. O. J. A. nº 227, de 25/11/2003.
- JUNTA DE ANDALUCÍA (2005). *Acuerdo de 11 de octubre de 2005, del Consejo de Gobierno, por el que se aprueba el Plan «Mejor Escuela».* BOJA nº 213, de 02/11/2005.
- JUNTA DE ANDALUCÍA (2015). *Orden de 17 de marzo de 2015, por la que se desarrolla el currículo correspondiente a la educación Primaria en Andalucía.* BOJA nº 60 de 27/03/2015.
- JUNTA DE ANDALUCÍA (2015). *Decreto 97/2015, de 3 de marzo, por el que se establece la ordenación y el currículo de la educación Primaria en la comunidad Autónoma de Andalucía.* BOJA nº 50 de 13/03/2015.
- JUNTA DE ANDALUCÍA (2007). *Ley 17/2007, de 10 de diciembre, de Educación de Andalucía (L. E. A.).* B. O. J. A. nº 252, de 26/12/2007.
- JUNTA DE ANDALUCÍA (2008). *Orden de 14 de julio de 2008, por la que se regula la orientación y acción tutorial en los centros públicos que imparten la enseñanza de Educación Infantil y primaria.* BOJA nº 157, de 07/08/2008.
- JUNTA DE ANDALUCÍA (2008). *Orden de 25 de julio de 2008, por la que se regula la atención a la diversidad del alumnado que cursa la educación básica en centros docentes públicos de Andalucía.* BOJA nº 167, de 22/08/2008.
- JUNTA DE ANDALUCÍA (2010). *Decreto 328/2010, de 13 de julio, por el que se aprueba el Reglamento Orgánico de las escuelas infantiles de segundo grado, de los colegios de educación primaria, de los colegios de educación infantil y primaria, y de los centros públicos específicos de educación especial.* BOJA nº 139, de 16/07/2010.
- JUNTA DE ANDALUCÍA (2010). *Orden de 20 de agosto de 2010, por la que se regula la organización y el funcionamiento de las escuelas infantiles de segundo ciclo, de los colegios de educación primaria, de los colegios de educación infantil y primaria, y de los centros públicos específicos de educación especial, así como el horario de los centros, del alumnado y del profesorado.* BOJA nº 169, de 30/08/2010.

- LÓPEZ FRANCO, A. (2004). *Actividades físico-deportivas con colectivos especiales*. Wanceulen. Sevilla.
- MACARULLA, I. y SAIZ, M. (2009). *Buenas prácticas de escuela inclusiva*. Graó. Barcelona.
- MARCHESI, A. y MARTÍN, F. (2002). *Una escuela y una sociedad desde la diversidad*. Revista Digital. Buenos Aires. Año 8, nº 47. abril 2002. http//www.efdeportes.com
- MARTÍNEZ PIÉDROLA, E. (2006). *Hábitos saludables en la prevención de la obesidad infantil: "Dieta y Ejercicio"*. En *Deportes para todos*. P. M. D. del Ayuntamiento de Dos Hermanas.
- M.E.C. (2013). *Ley Orgánica 8/2013, de 9 de diciembre, para la mejora de la calidad educativa*. BOE Nº 295, de 10/12/2013.
- M.E.C. (2014). *R. D. 126/2014, de 28 de febrero, por el que se establece el currículo básico de la Educación Primaria*. B.O.E. nº 52, de 01/03/2014.
- M. E. C. (2006). Ley Orgánica 2/2006, de 3 de mayo, de Educación (L. O. E.). B. O. E. nº 106, de 04/05/2006, modificada en algunos artículos por la LOMCE/2013.
- M. E. C. (2015). *ECD/65/2015, O. de 21 de enero, por la que se describen las relaciones entre las competencias, los contenidos y los criterios de evaluación de la educación primaria, la educación secundaria obligatoria y el bachillerato*. B.O.E. nº 25, de 29/01/2015.
- MENDOZA, N. (2009). *Propuestas prácticas de Educación Física inclusiva para la etapa Secundaria*. INDE. Barcelona.
- MIÑANBRES, A. (2004). *Atención educativa al alumnado con dificultades de visión*. Aljibe. Málaga.
- MIRÓ, J. (1998). *El déficit auditivo*. En RÍOS y otros, *El juego y los alumnos con discapacidad*. Paidotribo. Barcelona.
- NAVARRO, V. (2007). *Tendencias actuales de la Educación Física en España. Razones para un cambio. (1ª y 2ª parte)*. Revista electrónica INDEREF. Editorial INDE. Barcelona. http://www.inderef.com
- NARANJO, J. (2006). *Asma y actividad física en la edad escolar*. En *Deportes para todos*. P. M. D. del Ayuntamiento de Dos Hermanas.
- PÉREZ TURPIN, J. A. y SUÁREZ, C. (2004). *Educación Física y alumnos con necesidades educativas especiales por causas motrices*. Wanceulen. Sevilla.
- PÉREZ BRUNICARDI, D.; LÓPEZ PASTOR, V. M.; IGLESIAS, P. (2004). *La atención a la diversidad en Educación Física*. Wanceulen. Sevilla.
- POSADA, F. (2000). *Ideas prácticas para la enseñanza de la Educación Física*. Agonos. Lérida.
- RIGAL, R. (2006). *Educación motriz y educación psicomotriz en Preescolar y Primaria*. INDE. Barcelona.
- RÍOS, M. y colls. (1998). *El juego y los alumnos con discapacidad*. Paidotribo. Barcelona.
- RÍOS, M. (2003). *Manual de Educación Física Adaptada*. Paidotribo. Barcelona.
- ROMERO, J. F. y LAVIGNE, R. (2005). *Dificultades en el Aprendizaje: unificación de criterios diagnósticos*. C.E.J.A., D. G. de Participación y Solidaridad Educativa. Sevilla.
- RUIZ PÉREZ, L. M. (2005). *Moverse con dificultad en la escuela*. Wanceulen. Sevilla.
- SÁNCHEZ RODRÍGUEZ, J. y LLORCA, M. (2004). *Atención educativa al alumnado con parálisis cerebral*. Aljibe. Málaga.
- SERRANO, A y BENAVIDES, A. (2016). *Educación Física para alumnos con discapacidad motora*. CCS. Madrid.
- SEVILLANO, G. (2003). *Contextos espaciales y materiales para la Educación Física Adaptada*. En RIVADENEYRA, Mª. L. y GÓMEZ, E. Mª. *Desarrollo de la Motricidad*. Wanceulen. Sevilla.

- SIMARD, D.; CARON, F. y SKROTZKY, K. (2003). *Actividad física adaptada*. INDE. Barcelona.
- SKROTZKY, K. (2003). *La espina bífida*. En SIMARD, D.; CARON, F. y SKROTZKY, K. *Actividad física adaptada*. INDE. Barcelona.
- TORO, S. y ZARCO, J. (1995). *Educación para niños y niñas con necesidades educativas especiales*. Aljibe. Málaga.
- VIDAL, M. (1998). *Descripción y Análisis de la discapacidad visual*. En RÍOS, M. y otros, *El juego y los alumnos con discapacidad*. Paidotribo. Barcelona.
- VV. AA. (2008). *Colección de manuales de atención al alumnado con necesidades específicas de apoyo educativo*. (10 volúmenes). C. E. J. A. Sevilla.

WEBGRAFÍA (Consulta en octubre de 2015).
http://www.agrega2.es
http://www.juntadeandalucia.es/averroes/
http://www.adideandalucia.es
http://recursostic.educacion.es/primaria/ludos/web/index.html
www.juntadeandalucia.es/educacion/descargasrecursos/curriculo-primaria/index.html

www.ingramcontent.com/pod-product-compliance
Lightning Source LLC
Chambersburg PA
CBHW080256170426
43192CB00014BA/2701